HENRI BOULAD

JESUS IN DIESEN TAGEN

Zwölf moderne Gleichnisse

Aus dem Französischen
von
HIDDA WESTENBERGER

OTTO MÜLLER VERLAG SALZBURG

IMPRIMI POTEST:
Provinzialat der Gesellschaft Jesu
Wien, am 20. Juli 1994

Die Deutsche Bibliothek – CIP-Einheitsaufnahme

Boulad, Henri:
Jesus in diesen Tagen : zwölf moderne Gleichnisse / Henri Boulad. [Aus dem Franz. übers. von Hidda Westenberger]. – Salzburg ; Wien : Müller, 1994
ISBN 3-7013-0893-4

ISBN 3-7013-0893-4

Umschlaggestaltung, Layout, Fotografien: Leo Fellinger
Satz: Fotosatz Rizner, Salzburg
Druck: Samson-Druck, St. Margarethen im Lungau
Bindung: Buchbinderei Almesberger, Salzburg

INHALTSVERZEICHNIS

*„Er redete nur in Gleichnissen zu ihnen;
Seinen Jüngern aber erklärte er alles,
wenn er mit ihnen allein war."*

(Markus 4,34)

Das Fahrrad

VGL. GLEICHNIS VOM UNKRAUT UNTER DEM WEIZEN, MATTHÄUS 13, 24–30

In diesen Tagen befand sich Jesus mit seinen Freunden auf einer Kaffeehaus-Terrasse, und sie besprachen miteinander viele Dinge. Gleichzeitig beobachtete er unten am Weg die verzweifelten Versuche eines Buben, das Radfahren zu erlernen. Immer wieder stieg er auf, schwankte, lag am Boden, zwang sich erneut auf den Sattel, umklammerte mit ganzer Kraft die Lenkstange, schaukelte, tanzte, kippte. Alles war umsonst. Jetzt schrie er wutentbrannt: „Warum hat das verdammte Ding auch nur zwei Räder und nicht drei oder besser vier wie die Autos!" …

Nach weiteren Anstrengungen dieser Art, die immer in der gleichen Weise endeten, gab er auf, stellte sein Rad beiseite und hockte sich an den Straßenrand – vor seiner Nase einen Freund auf seinem Rad, der mit großem Schwung und Schneid die tollsten Schleifen zog, sich höchst gefährlich in die Kurven legte und alle Gesetze von Gleichgewicht und Logik einfach leugnete. Aber wieso fiel er denn nicht? Das ist doch rätselhaft!

Hier brauchte jemand einen Mutzuspruch. Jesus erhob sich, verließ die Freunde, ging hinunter, um dem Anfänger zu helfen. Er erklärte ihm:

> *„Die erste Regel: Wagemut! Sei kühn, laß alle Ängste fallen, zweifle nicht! Wirf Dich nach vorn, tritt durch! Auf zwei Rädern wirst Du Dein Gleichgewicht nur halten können, wenn Du zügig rollst, ja, wenn Du tüchtig flitzt. Verbiete Dir die Vorstellung, Du könntest fallen, denn dann wirst Du auch nicht fallen. Andererseits, sobald Du an Deinem Können zweifelst, ist es aus. Die Angst wirft Dich mit Sicherheit vom Sattel.*
>
> *Die zweite Regel: Weitsicht! Du mußt beim Treten sehr weit vor Dich hin schauen und Deinen Blick nicht zitternd an den Vorderreifen heften. Fixiere gleich beim Start den Horizont, und Du wirst Dich freudig von der Stelle lösen."*

Jesus half dem Buben wieder aufzusteigen, versetzte ihm einen robusten Stoß und rief:

> *„Los jetzt! Hoch den Kopf und geradeaus geschaut! Entkrampfe Dich! Löse Dich! Hab Mut, Vertrauen!"*

Der Bub flog wie ein Pfeil davon, um schon hinter der nächsten Straßenbiegung zu verschwinden.

Jesu Freunde hatten die Szene von weitem miterlebt. Als er zurück war und wieder unter ihnen saß, sprach er zu ihnen:

> *„Und nun gebe ich Euch das Gleichnis vom Fahrrad, denn es ist ein wahrer Lehrmeister für den Menschen. Zunächst lehrt es ihn, daß ein angeblicher Mangel oder Fehler im Grunde doch ein Vorteil ist, also einen Wert besitzt. Wieviel Behendigkeit und Tempo würde durch ein drittes Rad verlorengehen! Ein Dreirad wäre schwerer lenkbar, also sehr viel weniger leistungsfähig."*

Jemand aus der Gruppe unterbrach ihn: „Kann man hier nicht eine Parallele ziehen zum zweifüßigen Menschen? Auch er bewegt sich schneller, leichter, wendiger als auf „allen Vieren“. Jesus beglückte dieser Einwand, und er rief:

„So ist es!… Tatsächlich könnte man sich fragen, weshalb der schwere Mensch auf nur zwei Gliedern balancieren muß, auf vieren stünde er doch sicherer, zudem ersparte er sich als Einjähriger das tränenreiche Laufenlernen. Ist sein aufrechter Gang nicht eine ständige Herausforderung an die Gesetze von Gleichgewicht und Schwere? So ist es, aber eben das ist der Appell zur Überschreitung seiner rein menschlichen Natur in Obhut und Bequemlichkeit.

Ja, ich wollte einen zweifüßigen Menschen! Denn dadurch soll er schon als Kind mit einem harten Training in Berührung kommen, das ihn dann ein Leben lang zur Selbstüberwindung befähigt. Einmal erworben wird er diese Übung in Fleisch und Blut besitzen, ge-

wissermaßen als ein physisches Zeichen seiner Transzendenz.

Auf zwei Rädern sich geschwind dahinbewegen und dabei gute Haltung wahren, das ist Selbstbesiegung. Diese Herausforderung bestimmter Gesetze der Natur manifestiert sich noch deutlicher beim Tanz und beim Ballett, wenn der Körper Schwerelosigkeit erlangt, wenn er immateriell geworden aller Physik und Logik spottet. Auch beim heldenhaften Alpinismus können wir Zeuge werden, wie gerade das feindliche Hindernis dem Menschen Übermenschliches entlockt. Ähnlich steht es um die Leistung eines Kindes auf dem Rad. Dank der beherrschten Schwierigkeit lernte es sich überwinden."

„Nie und nimmer hätte ich beim Anblick eines simplen Fahrrads solche Gedankengänge!" sagte kopfschüttelnd ein junges Mädchen, und Jesus fuhr mit seiner Rede fort:

„Das ist bei weitem noch nicht alles, was ich Euch dazu sagen möchte. Das Geradeaus-

schauen erhobenen Kopfes, zu Fuß oder per Rad, ist nicht nur ein physisches Phänomen, sondern eine Geisteshaltung. Nur der Weitschauende kommt gut voran. Nur wer den Horizont fixiert, schafft viel. Sein Zweifelsblick nach unten wird ihn irritieren, er wird ihn hemmen, stürzen, fallen lassen, weil er ihn lähmt von innen her. Doch wer den Horizont im Auge hat, der wird magnetisch angezogen werden, und sein Weg wird sich beschleunigen. So werft Euch denn nach vorn dem Ziel entgegen! Ihr kommt nur voran, wenn Ihr auf Eure Zukunft setzt, auf das, was noch nicht ist. Je weiter Ihr zu schauen wagt, umso weiter werdet Ihr es bringen. Courage!

Und noch ein letztes von ganz besonderer Wichtigkeit für Euch, denn es betrifft den Glauben. Sich fröhlich auf ein Fahrrad schwingen, das ist ein blinder Glaubensakt, eine Wette auf das Mögliche aus dem Unmöglichen. Ihr überschreitet diese Zone und wirkt damit ein Wunder.

Ich bin gekommen, um Euch den Glauben zu lehren, sowohl an Gott als an Euch selbst, denn es gibt nur einen Glauben, in dem sich alles trifft und eint. Leider haben die Menschen das, was zusammengehört, getrennt, als ob der eine Glaube dem andern widerspräche. Genau das Gegenteil ist wahr. Der Mensch erweist sein Gottvertrauen im Vertrauen zu sich selbst, das er mehr und mehr entwickelt – doch stets im Wissen, daß Gott inwendig mit ihm am Werke ist. Daher sein Wagemut, daher sein inneres Gelöstsein, daher sein Frohsinn und der Friede seines Herzens.

Ich habe jedem Menschenwesen unsagbare Möglichkeiten eingepflanzt, die sich aber nur im Maße seines Glaubens daran entfalten können, das heißt mit dem Wachstumsgrad seines Selbstvertrauens. Überall dort, wo der Mensch kühn etwas wagt, wird dieses Geheimnis sich wunderbar enthüllen.

Erinnert Ihr Euch an meine Voraussage, daß Ihr einst noch größere Wunder als ich vollbringen werdet? (Joh. 14, 12). Das wird gül-

tig bleiben. Ja, in meiner Kraft werdet Ihr noch größere Dinge tun, denn diese Kraft ist allezeit in Euch. Wenn für Gott nichts unmöglich ist (Lk. 1, 37), dann ist auch für den Menschen nichts unmöglich, wenn er hofft und wenn er glaubt."

Das Vereinsfest

VGL. GLEICHNIS VOM UNFRUCHTBAREN FEIGENBAUM, LUKAS 13, 6–9

In diesen Tagen bekam Jesus die Einladung zur Teilnahme an einem Vereinsfest. Es handelte sich um eine Jubiläumsgesellschaft des Vereins ehemaliger Schüler und Studenten der katholischen Schulen und Universitäten. Jesus nahm die Einladung an, und mit ihm erschienen, wie erwartet, zahlreiche Ärzte und Anwälte, Diplomingenieure, Universitätsprofessoren, Wissenschaftler aller Sparten, Bankleute, Informatiker, Geschäftsführer oder Direktoren bekannter Firmen, Wirtschaftler, Politiker – mit einem Wort, die gehobene Schicht des Landes.

Diese erfolgreichen Intellektuellen, Männer und Frauen, nahmen ihre bereits gealterten Lehrer und Professoren, sowohl Geistliche wie Laien, freundlich in ihre Mitte. Vergnüglich rief man gemeinsame Erinnerungen wach, aus dieser oder jener Schule, aus dieser oder jener Universität – wie die Zeit doch verfliegt! ... Dabei wurde tüchtig getrunken, und bald berichteten die Ehemaligen in erstaunlicher Freizügigkeit, auf welche Art und Weise sie ihr Glück gemacht haben, wie sie sich einen Namen geschaffen und zu Ansehen und Vermögen gekommen waren. Dabei brach das Gelächter nicht ab, der Whisky floß, der Sekt schäumte, die Gläser klangen, die Platten leerten sich. Jesus befand sich unter ihnen, doch sie kannten ihn nicht.

Nun war der Zeitpunkt für die Festreden gekommen. Zunächst gab der Präsident des Vereins in seiner Begrüßungsansprache bekannt, daß Jesus sich unter den geladenen Gästen befände und zu den Rednern des Abends zähle. Vorschußapplaus. Dann dankte er den Lehrerinnen und Lehrern aufs Wärmste für all das, was sie ihnen einst gegeben hatten, denn nur dieser solide Grund habe ihnen erlaubt, ihre Zukunft zur Zufriedenheit zu gestalten.

Darauf ergriffen einige der alten Lehrer das Wort und gaben ihrer enormen Freude und ihrem großen Stolz Ausdruck, daß ihre „Zöglinge“ es zu solchen Lorbeeren gebracht und die höchsten Rangstufen der Gesellschaft erklommen hatten.

Aber die Reden dehnten sich, der Inhalt wiederholte sich. Langsam machte sich eine nervöse Unruhe, eine Spannung bemerkbar, es war die Neugier auf Jesus. Wann wird er sprechen? Wie wird er sich geben? Was wird er sagen? …

Endlich erhielt er ein Zeichen und kam nach vorn. Die sofortige Stille im Saal bezeugte den tiefen Respekt, den man ihm geschlossen entgegenbrachte. Und nun erwartete jeder auch von ihm eine schmetternde Lobeshymne auf die glanzvolle Arbeit christlichen Unterrichtswesens, die ja wohl klar an ihren Früchten zu erkennen war. Jesus nahm das Mikrofon entgegen und sprach die hier Versammelten als „Elite des Landes“ an. Nach dem Ton seiner Stimme war er sehr engagiert:

> *„Ich beglückwünsche Sie, Sie sind die Elite des Landes. Sie haben es auf brillante Weise geschafft. Ich beglückwünsche Sie zu Ihrem Erfolg im Leben, denn dieser ist Ihnen sicher.*

Dennoch erlaube ich mir, Ihnen die folgende Frage zu stellen, die mir am Herzen liegt: Ist Ihnen damit auch Ihr persönliches Leben gelungen? ... Erfolg im Leben haben, draußen, seinen Berufstraum verwirklicht sehen, das ist eine Sache; daß einem aber sein eigenes Leben in der großen Linie glückt, das ist eine andere Sache.

Wahrer Lebenserfolg eines Menschen wird ja doch nicht mit den gängigen Maßstäben gemessen wie Postenerlangung, vermehrter Prestigegewinn, effektive Verdienstchancen etc., sondern nach der sichtbaren Bereitschaft, über sein Selbstinteresse langsam hinauszuwachsen. Auf irgendeinem Sektor muß der Einzelne sich für das Gemeinwohl innerlich und äußerlich engagieren, um diese Welt ein wenig menschlicher zu gestalten, ein wenig gerechter, ein wenig geschwisterlicher. Diesen Appell vernimmt doch jedes schlagende Herz, aber wie viele drängt er zur Tat?

Soeben hörte ich in einer Ihrer Festansprachen eine Bemerkung, die mich ziemlich erregt hat, verzeihen Sie mir bitte. Es wurde gesagt, Ziel und Zweck dieses Vereins bestünden darin, füreinander da zu sein, sich nach allen Kräften zu helfen, zu unterstützen. Und ich sehe sogleich, wie es praktiziert werden mag: Der Klinikchef beauftragt für seine technische Einrichtung ausschließlich Mitglieder dieses Vereins. Politiker halten einander die Steigbügel, koste es was es wolle. Der Bankier hilft dem Geschäftsmann in brüderlicher Treue bei der Verdoppelung seiner Gewinne. Und so endlos weiter.

Wenn aber das Ziel dieses Vereins darin besteht, die Privilegien einer sozialen Oberschicht, die ohnehin schon überprivilegiert ist, hemmungslos zu multiplizieren und damit den schaurigen Graben noch zu vertiefen, der Sie von Ihren Mitmenschen, insbesondere von den ‚kleinen Leuten' trennt, dann sage ich:

VERFLUCHT SEI DIESER VEREIN!

Sie wissen, daß ich nie ein Blatt vor den Mund genommen habe, Sie kennen meine kritischen Äußerungen gegenüber den unverbesserlichen

Reichen, gegenüber den unbelehrbaren Pharisäern und Schriftgelehrten. Ich bin noch immer derselbe. Daß es damals für mich schlecht ausgegangen ist, war der Preis meiner freien Rede. Und das könnte sich heute wiederholen. Aber ich werde nicht schweigen. Niemals.

Sie erinnern sich, damals habe ich einen Feigenbaum verflucht, der trotz aller Pflege, die man ihm angedeihen ließ, keine Früchte produzierte. Mit der großartigen Ausbildung, die Sie an den katholischen Privatgymnasien und Universitäten genossen haben, mit dem Kontostand, den Sie sich inzwischen erworben haben, mit all den Beziehungen, den Erfahrungen, dem Geschick und der Gesundheit, die Sie besitzen, könnten Sie die kostbarsten Früchte hervorbringen. Ist das Ihr Anliegen? …

Angesichts der ungeheuren Probleme wie Inflation, Arbeitslosigkeit, Flüchtlings- und Wohnungselend, Unterrichtsmisere, Korruption und Spannungen jeglicher Art stelle ich Ihnen die Gewissensfrage: Auf welchem Felde sind Sie bereits engagiert? Überpersönlich, volontär im Alleingang oder mittels dieses Vereins in gebündelter Kraft?

Dieses starke Geflecht, daß Ihr Verein darstellt, wäre in der Lage, das ganze Land positiv zu verändern, wenn Sie es wünschen. Aber wünschen Sie es? Ihr Beispiel könnte übergreifen auf andere Länder! Ist das eine Perspektive? Noch wäre Zeit dafür.

Sie wissen, daß dem, der sehr viel erhalten hat, auch sehr viel abverlangt wird. Sie kennen meine Sprache von damals: Wer zehn Talente bekam, von dem werden mehr zurückverlangt werden, und Sie sind hier alle miteinander für einige tausend Talente verantwortlich. Keineswegs allein gegenüber Ihrer eigenen Familie, nein, darüberhinaus gegenüber der namenlos leidenden Masse, deren Hoffnungsträger Sie sind und deren treibende, verändernde Kraft Sie sein könnten, wenn Sie es nur wünschten! ...“

Einige der Anwesenden, denen Jesu Worte unerträglich waren, erhoben sich und verließen das Fest.

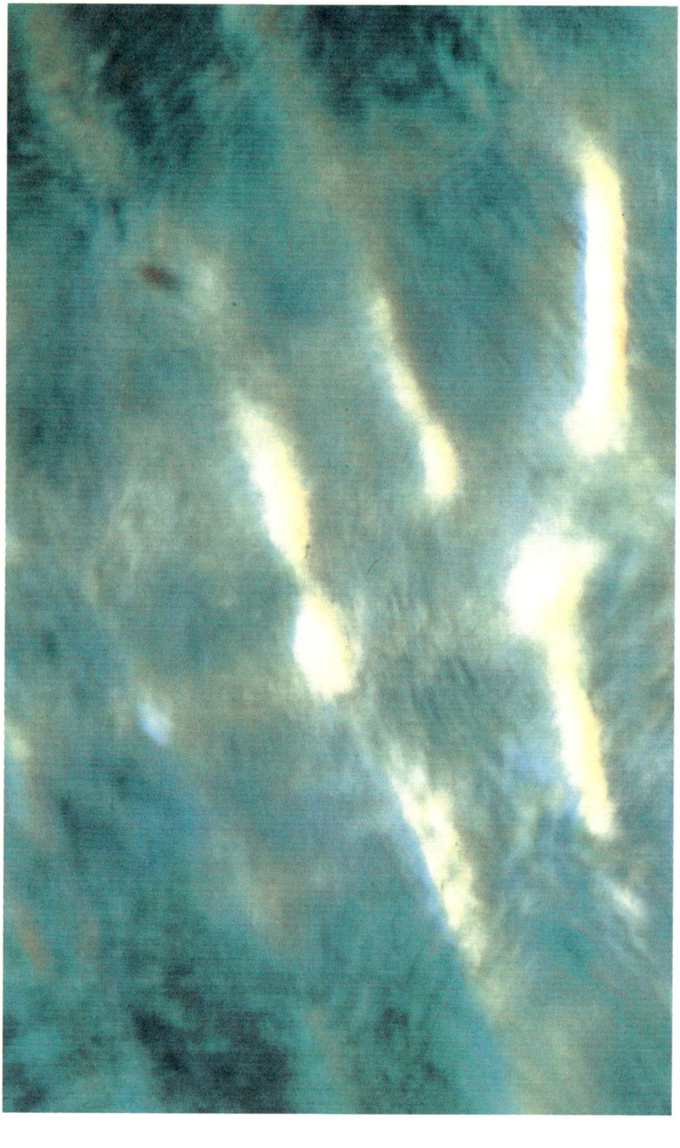

Der Brutkasten

VGL. BERGPREDIGT ÜBER DIE VORSEHUNG
MATTHÄUS 6, 25–34

In diesen Tagen besuchte Jesus die Frühgeburtenstation einer großen New Yorker Frauenklinik. Vor einem der besetzten Brutkästen blieb er stehen, um die winzige menschliche Gestalt zu betrachten, die in seinem Inneren lebte. Fest waren die Äuglein geschlossen, der halbgeöffnete Mund atmete kaum wahrnehmbar. Ein Fötus im sechsten Monat.

Jesu Freunde mußten, wie alle Besucher der Neonatologie, hinter der durchsichtigen Trennwand stehenbleiben und beobachteten im Innenraum Jesus, der allein Zutritt erhalten hatte. Schweigend, in sich versunken, stand er jetzt neben dem Kind, seine Augen fixierten es in einer so starken Weise, als wollten sie sich nie mehr von ihm lösen. Ein Mensch! So schwach erscheinend, als könne ihn ein leiser Hauch vernichten …

Es fällt nicht leicht zu sagen, unter dieser Plastikglocke befände sich ein ganzer Mensch. Die nackten, dünnen Glieder schienen aus Glas, und die Finger, nach denen man vergeblich suchte, blieben fest im kleinen Fäustchen verborgen. Dieses Wesen war nichts als Ohnmacht, Schwäche, Auslieferung – aber auch eine Riesenhoffnung. Von Zeit zu Zeit verriet eine leichte Bewegung der Lippen oder ein Zucken der Ärmchen den geheimen Traum, in den das Kind hineingenommen war. Sein Atmen, sein inneres Leben und die notwendige Entwicklung der Organe verdankte es der vom Menschengeist erdachten Apparatemedizin, einem kompliziert arbeitenden Gewirr von Drähten und feinen Schläuchen, die in diesen transparenten Käfig hinein- und wieder herausführten, um ihm eine genau berechnete Temperatur zu bereiten und diese künstliche Lebensatmosphäre aufrechtzuerhalten, ohne die es verloren wäre.

Doch über diese wohlkalkulierte Maschinerie hinaus verdankte dieses Kind sein Leben noch einem anderen Faktum – dem geschulten Blick der Kinderschwester, die in ihrem strahlenden

Weiß wie ein Schutzengel neben ihm wachte, die den Prozeß menschlichen Wachstums kannte und verfolgte und das ganze Aufgebot medizinischer Technik streng in Kontrolle hielt. Welcher Atemrhythmus? Welche Herzfrequenz? Wie oft beugte sie sich über das ihr anvertraute Leben!

Jesu Freunde waren vom einen so fasziniert wie vom andern, von dieser Frühgeburt wie von dieser ganz besonderen Kontemplation Jesu. Welche Gedanken mochten ihn nur beschäftigen? Wird er sie ihnen später offenbaren? ... Nach mehr als einer Viertelstunde stillen, intensiven Betrachtens verließ Jesus im Rückwärtsschritt wortlos den Raum, offensichtlich noch ganz im Schauen und Erleben. Die Frage seiner Freunde, als sie wieder draußen im Freien waren, hatte er erwartet: „Jesus, woran hast Du gedacht?"

Jetzt schien es ihnen, als ob der Meister von einer weiten inneren Reise zurückkehrte, um den Freunden Antwort zu geben, die sich bereits erwartungsvoll im Gras des Klinikgeländes niedergelassen hatten. Zunächst klangen seine Worte mehr nach einem Selbstgespräch:

„Ungeheuer, ganz ungeheuer groß ist dieses verborgene Geheimnis, versteckt in einer so geringen Masse aus Fleisch und Knochen! Wie konnte ich diesen wunderbaren Menschentraum jemals verwirklichen und meine Schöpfung in diesem Meisterwerk vollenden? Wie wurde dieses Wunder wahr, das Unmögliche doch möglich?

Über Jahrhunderte, Jahrtausende, Jahrmillionen habe ich von diesem einen Menschenwesen hier geträumt, das Ihr soeben mit mir betrachtet habt. Lange bevor die Welt entstand, lange bevor die Galaxien im All ihren Tanz begannen, habe ich an dieses Kind gedacht, an dieses eine Kind! Ich wollte es erschaffen, ich ersehnte es in Herzensleidenschaft, ich liebte es im tiefsten Sinn. Und diese WAHRE LIEBE ist es, die dieses Kind vor einigen Tagen hier in einem Stadtteil von New York ins Leben rief. Seine Zeit war gekommen.

In dieses kleine Kerlchen, in dieses vorläufige Nichts eines Menschen, habe ich meinen göttlichen Geist gehaucht, habe ich meine Kraft und meine ganze Freude hineingegeben, in dieses eine Wesen habe ich meine ganze Liebe überströmen lassen. Daher ist dieses Nichts für mich ein Alles! Es ist ein Teil von mir, es ist mein eigenes Ich. Versteht Ihr das?

Ich weiß sehr wohl, daß es Eltern gibt, die sich einer Frühgeburt gern entledigen würden, dieses reglose Bündelchen ist doch kein wahrer Mensch, vielmehr ein Fehlschlag der Natur. Vernünftiger, es rasch mit einer neuen Schwangerschaft zu versuchen. Nein! Nein! Jeder Mensch hat seine Geschichte. JEDER MENSCH IST EINE HEILIGE GESCHICHTE. Die Geschichte dieses einen Menschen hat auf Erden eben so begonnen und nicht anders. Ihr wahrer Anfang aber liegt geheimnisvoll verborgen in der Unendlichkeit der Zeit vor allem Weltbeginn in meinem Herzen, in den Tiefen meiner zeitlosen Ewigkeit. O, meine Freunde, wenn Ihr es glauben könntet! ... O, wenn die Welt es glauben könnte!"

Jesus versank erneut in meditatives Denken, aber einer aus der Gruppe unterbrach ihn bald mit seiner eigenen Reflexion: „Weißt Du, Jesus, was mich in ganz besonderem Maß beeindruckt hat? Der Brutkasten! Diese geniale Erfindung eines künstlichen Lebensraumes zu den exakten biologischen Bedingungen eines Mutterleibes finde ich hinreißend!" ... Und Jesus antwortete ihm:

„Recht hast Du, doch wundert es mich, daß Dich das Urbild eines jeden Brutkastens – der Mutterleib – nicht um vieles mehr erstaunt. Ich habe ihn als das Urparadies des Menschen erfunden, weil er diesen absolut behüteten Existenzbeginn braucht, und ich habe ihm diesen ersten Lebensraum in großer Liebe bereitet. Der Mutterleib ist der göttliche Bereich des Menschen, er ist das Abbild meines eigenen mütterlichen Wesens, so wie Ihr es in vielen bewegenden Bibeltexten finden könnt. Auch im Koran der Mohammedaner könnt Ihr lesen, daß man mich als ar-rahmân ar-rahîm bezeichnet, das heißt umschrieben soviel wie ‚der mütterlich gebärende Leib'. Werden die

Menschen denn begreifen, daß ich das Herz einer Mutter habe und einen Mutterleib besitze, der niemals aufhört, sie zu tragen, zu umhegen und zu nähren in einer überzeitlichen Vorsehung?

Und noch ein weiterer Gedanke: So wie der Uterus der Frau der genialste aller Brutkästen ist, so gilt dasselbe von dieser gewaltigen Schutzglocke, die man als Erdatmosphäre oder unser Himmelsgewölbe bezeichnet hat. Finden wir nicht auch in ihr unsere maßgerechte Temperatur und alle notwendigen Lebensbedingungen in all den feinen Dosierungen der Gase und Elemente, die dem Leben damals den Aufsprung in die Existenz ermöglicht hatten, sein kontinuierliches Wachstum und vor allem seine Höherentwicklung? Desgleichen wie der Mutterleib für den Menschen ein göttlicher Lebensraum ist, so ist es auch sein Lebensraum in kosmischer Hinsicht. Sorgsam ist unser Planet im Äther eingehüllt für alle seine Kinder. Ja, auch dieser Raum ist wunderbar göttlich!

Vergegenwärtigt sich der Mensch die Stunde seiner Geburt mit dem Schnitt durch die Nabelschnur, so meint er, ein vollkommen unabhängiges Wesen zu sein, frei von jeglicher äußeren Bindung, selbständig und eigengesetzlich lebend. In Wahrheit hat er nur seinen Lebensraum gewechselt. Der Leib, der ihn fortan tragen und erhalten wird, ist nur ein anderer, und dieser zweite, unendlich größere Leib, ist doch von derselben Natur wie der erste, der Leib der Mutter. Unsere Kosmonauten wissen das nur allzugut, wenn sie die Erdatmosphäre verlassen haben.

Meine Freunde, es muß Euch daran liegen, diese liebende Vorsorge Gottes für seine Geschöpfe zu erkennen und Gott als Vater und Mutter zu begreifen. Es muß Euch daran liegen, Gottes Anwesenheit im Raum zu spüren, in dem Ihr Euch bewegt, und in der Luft, die Ihr atmet. Ihr lebt im Zentrum einer lebensspendenden und schützenden Hülle – nehmt Gottes ausgebreitete, Euch umschließende Arme als ein Sinnbild dafür, sie halten Euch wie die Arme Eurer Mutter, als Ihr Kinder wart. Es muß Euch daran liegen, Gottes unendlich wachen Blick wahrzunehmen, der auf Eurer Atmung ruht wie der jener Kinderschwester neben dem Brutkasten. Gott überwacht Euern nächtlichen Schlaf, in den Ihr Euch sorglos fallen laßt, und er garantiert das Öffnen Eurer Augenlider an jedem neuen Morgen.

Nun wißt Ihr es. All das habe ich angesichts dieses hilflosen Kindchens nacherlebt. Es war mein lebhafter Wunsch gewesen, Euch diese Zusammenhänge klarzulegen, deshalb wollte ich mit Euch heute in diese Klinik gehen. Glaubt mir, ob Ihr danach forscht oder nicht, ob Ihr es herausfindet oder nicht, ob Ihr es einfach hinnehmt oder ewig daran zweifelt, Ihr seid mit Leib und Seele vollkommen in den göttlichen Bereich hineingenommen. Nicht nur während Eurer irdischen Existenz, sondern seit aller Zeit und für alle Zeit."

Der Milliardär

VGL. GLEICHNIS VOM TÖRICHTEN REICHEN,
LUKAS 12, 16–21

In diesen Tagen war Jesus von einem bekannten Milliardär zum Abendessen eingeladen worden, der im Stadtzentrum die komplette siebzehnte Etage eines Wolkenkratzerblocks bewohnte. Schon viel hatte dieser Mann von Jesus gehört, sehr viel, doch fand er nun erst Zeit, ihn kennenzulernen und ihm einmal zuzuhören. Auch einige ausgesuchte Freunde waren gekommen, Geschäftsleute und Bankiers, und alle waren sie neugierig, Jesus im privaten Rahmen zu begegnen. Für einen langen Abend werden sie ihn ganz allein besitzen!

Nachdem Jesus die Vorhalle, die Halle und mehrere Salons durchlaufen hatte, die Riesenflächen mit kostbarsten Orientteppichen voll ausgelegt und in bengalisches Licht getaucht, nahm er auf einem schlichten Stuhl Platz. Das Drängen des Gastgebers, er möge es sich in einem eigens für ihn bereitgestellten schweren Ledersessel bequem machen, war umsonst.

Zunächst, bevor die Männer Jesus ein paar Fragen stellen wollten, tauschten sie die letzten Meldungen vom Finanz- und Wirtschaftsmarkt aus und kommentierten sie gestikulierend und mit erregten Stimmen. Welche Wertanlagen kommen in Betracht? Einer unter ihnen prahlte mit dem Kauf einer neuen Märchenvilla auf den Balearen, der soundsovielten, der zehnten oder zwölften, die er verstreut an allen Ecken der Welt seit langem schon besaß, doch niemals Zeit fand, auch nur eine zu bewohnen. Nicht einmal besuchsweise für Tage. An jedem Ort stünde, so betonte er, ein Schwung parierende Bedienstete Tag und Nacht bereit, ihn zu empfangen. Doch leider, leider sei er durch seine Geschäfte rund ums Jahr verhindert.

Das machte Eindruck. Offenbar zufrieden mit der Wirkung bei den Anwesenden, fragte er tief durchatmend seinen Nachbarn, ob ihm denn gelegentlich so etwas wie Freizeit vergönnt sei. O ja, gab dieser zur Antwort, das sei ihm wichtig. Im letzten Sommer habe er eine Familienkreuzfahrt mit seiner neuesten Yacht unternommen, doch seien diese Superwochen auf See schwer getrübt gewesen: Pausenlose Anrufe seiner Banken, die ihn über die katastrophalen Auswirkungen seiner Geschäftsrezession auf dem laufenden hielten. In dieser Zeit habe er einige hundert Millionen verloren.

Der milliardenschwere Gastgeber lächelte. Es schien ihn zu belustigen. Dann ergriff er selbst das Wort und offenbarte der intimen Runde – noch immer lächelnd – die geheimen aber sicheren Quellen seines ungeheuren Reichtums: Waffengeschäfte zwischen Teheran, Bagdad und dem ganzen Westen; Drogenhandel zwischen Fernost, Beirut und Amsterdam; dazu ein nettes Sümmchen durch Beteiligung an Frauen- und Kinderhandel zwischen Europa, Bangkok und Rio de Janeiro.

Stille. Die Freunde waren sprachlos in Bewunderung, obwohl sie ähnliches vermutet hatten. Wie ist er nur an diese Goldadern herangekommen, an denen nur die Größten zapfen? Kein

Wunder, daß er sie alle überflügelt und nicht mehr einzuholen ist. O, wie sehr sie ihn beneideten! Gebannt spannten sie auf weitere Offenbarungen und dürsteten nach heißen Tips.

Der Gastgeber enttäuschte nicht, hier war ein Tip: Er erzählte ihnen von seiner gigantischen Transaktion, indem er den Hauptteil seines derzeitigen Vermögens in britischer Währung angelegt hatte. Das Pfund Sterling betrachtete er, wie er betonte, als nahezu risikofreien Wert. Und um es ihnen zu bestätigen, zog er aus seiner Westentasche ein winziges elektronisches Gerät, das ihm in jedem Augenblick den exakten Aktien- und Devisenkurs an den Weltbörsen mitteilte. Tag und Nacht flimmerte somit sein Vermögensstand über diesen kleinen Bildschirm.

Doch in diesem Moment, als er ihn ablesen wollte, begann er wie ein Kind zu stammeln, wurde kreideweiß und später gelb. Das britische Pfund hatte zu dieser Stunde auf dem Wechselkursmarkt der Wall Street einen spektakulären Sturz erlitten. Nur dieser Mann wußte was ihm das bedeutet. Er reagierte mit Magenschock, schwerster Übelkeit, Atemnot, Schweißausbruch, Bewußtlosigkeit. Panik der Anwesenden. Die Ambulanz holte ihn sofort, und einige Stunden später verschied er trotz des Volleinsatzes der gesamten Intensivstation unter den Händen der größten Spezialisten.

In einem Luxus-Sarg aus kostbarem Akazienholz gebettet wurde der Leichnam, wohl duftend balsamiert, im eigenen großen Festsaal aufgebahrt, umgeben von einer herrlichen Kerzenflut und etwa hundert exquisiten Kränzen. Es war prachtvoll!

Zur Begräbnisfeier waren Persönlichkeiten aus allen Erdteilen angereist gekommen. Man sah Diplomaten und Minister, große Börsenfachleute, namhafte Gestalten aus der internationalen Geschäftswelt aller Rassen, aller Hautfarben, aller Religionen. Man sah auch Geistliche, darunter einige höchste Würdenträger, die in der ersten Reihe des Chorgestühls platzgenommen hatten.

Aber wo war Jesus? War er gekommen? Saß er unter ihnen? …

Ihm hatte man aufgrund seiner Jeans und seines T-Shirts am Portal der Kathedrale den Zutritt verweigert. Nun gut, so blieb er eben draußen stehen. Gesammelt und nachdenklich verfolgte er das Geschehen von weitem.

Wahrhaft ein glänzender Erfolg!

Der Film

VGL. JOHANNES-PROLOG, 1, 1–18

In diesen Tagen saßen einige wißbegierige Jungen und Mädchen noch nach Mitternacht unter freiem Himmel mit Jesus zusammen. Sie forschten den Begriff des Gottesreiches aus und fragten wiederholt: „Was ist nun tatsächlich darunter zu verstehen? Bitte, erklär' es uns einmal ganz neu!" Jesus leerte sein Glas, lächelte einem nach dem andern zu, nahm sich Zeit und begann dann zu sprechen:

> *„Das Gottesreich ist wie ein Film, den – wie Ihr sagen würdet – ein ‚unvergleichliches Genie' – entwarf und selbst in Szene setzte. Begonnen hatte es, wie vieles Große, mit einer vagen Idee, mit einem starken, aber noch unklaren Gefühl, brodelnd in der Brust wie ein gewaltiger Vulkan in seiner Tiefe. Dieser Künstler wollte die Liebe darstellen und sie der Welt verkünden. Sein Geist tanzte fessellos, seine Gedanken überschlugen sich, ganze Tage und volle Nächte verbrachte er hingege-*

ben träumend und liebend und seine Eingebungen formend. Diese Schöpfung würde, davon war er überzeugt, ‚der' Film der Filmgeschichte werden ...

Nach jahrelangem Ringen und innerem Gestalten sprang er eines morgens auf und verfaßte Zug um Zug das ganze Drehbuch. Wie ein Feuersturm brach nun der Text aus seinem Innersten hervor. Er handelte von Liebe und Tod, von Heroismus und Verzweiflung, von Glück und Opfer. Ein unerhörtes Epos! Erhaben stand es über allem jemals Dagewesenen und blieb doch im Kern aufs Innigste geheim; in allen Phasen war es stark, sehr stark – und doch sanft und zärtlich.

Rasch wurde der Film produziert und an die Filmtheater freigegeben. Seltsamerweise aber weigerte sich der Autor kategorisch, seinen Namen preiszugeben. Fest vertraute er darauf, daß dieser sich anhand des Dargestellten dem Zuschauer offenbaren werde.

Das Werk eroberte die Welt und begeisterte

die Menschen aller Kontinente, die seelisch ergriffen wie nie zuvor diesem Märchen folgten. Von der Leinwand her hatten sie den Eindruck, plötzlich Zutritt zum Herzen der Welt zu erhalten und zum eigenen Selbstverständnis, denn sie erreichten damit auch ihr eigenes Herz. In diesem Spiel entdeckten und verstanden sie endlich ihre eigene Geschichte. Sie träumten von der Heldin, schön wie das Himmelslicht, und von dem furchtlosen Ritter ohne Fehl und Tadel, der hundert Meere überquerte und tausend Schlachten schlug, um sie zu gewinnen …

Der Film erfaßte sie so sehr, daß sie ihn immer wieder sahen, doch auszuschöpfen war er nie. Das Merkwürdigste aber war, daß diese dramatische Legende nicht zuende kam! Der Film brach plötzlich ab und ließ den Zuschauer hungrig in der Schwebe, allein mit einem stillen Anruf an seine eigene, freie Phantasie, den Ausgang selber zu erfinden."

Die Jungen und Mädchen um Jesus waren verwirrt. Leider hatten sie kaum etwas vom Sinn dieser seltsamen Parabel verstanden und baten Jesus, ihnen die versteckte Botschaft zu entschlüsseln. Mit liebevoller Stimme sagte er:

> *„Habt Ihr denn wirklich nicht bemerkt, daß dieser Film die Geschichte unserer Schöpfung ist? Daß ich Myriaden von Zeitepochen verwendet habe, um die Welt in mir heranzubilden, sie zu gebären und sie dann bis zum heutigen Tage weiterzuentwickeln? Dann werdet Ihr auch nicht verstanden haben, daß dieser Film meine Geschichte ist und zwar der tiefste Ausdruck meines Wesens. Ich bin das Leben (Joh. 11, 25b).*
>
> *Das alles nämlich, was ich Euch zu erzählen und zu erklären hätte, ist so unaussprechlich viel und groß, daß keine Rede jemals es zum Ausdruck brächte. So habe ich reale Wirklichkeiten erfunden und mich schließlich als Wesen aus Fleisch und Blut selbst dargestellt. Meine Schöpfung trägt mein Gesicht, sie enthält meine ganze Seele und meinen ganzen Geist. Schaut Euch diesen Film nur gründlich*

an, Ihr werdet niemals ganz dahinterkommen. Aber das, was Ihr daran versteht, wird Euch zur Selbsterkenntnis werden und zur Gotterkenntnis! Gottes Herz wird sich Euch offenbaren ... die LIEBE allen Seins.

Die meisten Filmbesucher beschäftigt leider nur die reine Szene und der Ablauf des Geschehens, also das Vordergründige. Sie gehen niemals wahrhaft in die Tiefe und suchen nach dem versteckten Sinn, nach dem symbolischen Gehalt des Ganzen, der dahinter liegt. Indessen lassen sie sich ganz von der Darstellung gefangennehmen. Die meisten fragen auch nicht nach dem Autor, dem Gestalter der Gestalten und der Szenen. Ist er denn wichtig? Interessant bleibt nur die Handlung – und bei diesem Film ist ihnen das nicht einmal vorzuwerfen, denn sie ist von tiefster Leidenschaftlichkeit und Schönheit."

Die jungen Leute waren noch nicht satt und baten Jesus um ein weiteres: „Bitte sage uns noch eins: Warum gibt sich der Regisseur und Drehbuchautor denn nicht zu erkennen? Warum verbirgt er sich hinter seinem Werk, das ist doch ungewöhnlich!" Jesus erklärte ihnen:

> *„Begreift Ihr nicht, daß er inständig darauf hofft, Ihr möget es verstehen, ihn aus seinem Werk herauszulesen? Ja, seinen Namen will er unbedingt verborgen lassen, damit die Menschen sich bewußt befragen, damit sie aktiv nach der Quelle forschen und sich ihm auf diese Weise nähern.*
>
> *Außerdem ist dieser Autor namenlos. Welches Wort, welcher Begriff würde ihm denn je gerecht? ... Das ist auch einer der Gründe, weshalb der Film unvollendet bleiben mußte. Und es gibt noch andere. Findet sie doch selbst heraus! Jetzt ist es spät, an einem anderen Tag werden wir noch einmal davon sprechen – vom Mysterium unserer Schöpfung ..."*

Jesus erhob sich rasch und ging. Wortlos, in sich gekehrt, folgten ihm die jungen Freunde. Es war schon zwei Uhr morgens.

Das Bassin

VGL. GESPRÄCH AM JAKOBSBRUNNEN,
JOHANNES 4, 1–26

In diesen Tagen hatten sich Jesus und drei seiner Freunde auf der Einfassung eines Bassins niedergelassen. Im Zentrum des Wasserspiegels betrachtete er nachdenklich einige große Wolken, die auf dem blauen Himmelsgrund dahinglitten. Alle schwiegen. Und nach dieser schönen Zeit der kontemplativen Stille begann Jesus, zu den Freunden zu sprechen:

> *„Der innere Mensch ist nach dem Bilde eines Bassins geschaffen. In der vorgegebenen, engen Begrenzung seines kleinen Wesens reflektiert er die Unendlichkeit. Und dafür bedarf es seinerseits keineswegs einer Anstrengung, nur eines ist notwendig: Er muß es zulassen, daß die Größe des Unendlichen sich in ihm wiederfindet.*
>
> *Ihr glaubt nur allzuoft, es wird von Euch erwartet, daß Ihr in einem geistigen Kraftakt den*

Himmel erobert, um Gott zu finden. Nein, nicht der Mensch dringt bei seiner Gottessuche zum Himmel empor, sondern es ist der Himmel, der sich tief herabsenkt und um den Menschen wirbt, weil er sich in ihm spiegeln möchte.

Wird ihm das ohne weiteres denn auch gelingen? Nein. Es kann nur in dem Maße geschehen, in dem der Mensch sich anhält von seiner Tageshektik und seiner Lebenssorge, wenn er sich in einen Zustand tiefer, innerer Ruhe und äußerer Untätigkeit bringt. Geradeso wie Ihr es hier mit mir seht – nach dem Bilde eines stillen Wassers. Es ist die Haltung der Hingabe, die Haltung der Auslieferung.

Der ganze dunkle Schlick und Schlamm, der am Grunde des Wassers lagern mag, beeinträchtigt nicht das Resultat. Im Gegenteil! Die Tiefe der Reflexion und die Klarheit des erscheinenden Bildes wird durch die Dunkelheit darunter nur verschärft.

Der Mensch, der sich seine ‚dunklen Dinge', begangenes Unrecht oder Schwächen, wirklich eingesteht und es bejaht, der es erkennend auf sich nimmt, veranlaßt Sturzfluten der Gnade und der Vergebung aus Gottes Innerstem, die ihm in neuer Form die Abgrundtiefe göttlicher Güte offenbaren werden. Wen seine Fehler und Vergehen ehrlich reuen und diese hineinnimmt in seinen Glauben und in seine Zuversicht, der wird einen Verwandlungsprozeß erleben, der ihn erschüttert. Die eigene dunkle Schuld wird sich in der Zärtlichkeit eines allezeit liebenden Gottes in Helle wandeln, ja selbst in Schönheit.

Wenn Ihr die Gabe Gottes kennen würdet! … (Joh. 4, 10a) ALLES IST GNADE! Die Anwesenheit Gottes in Euch ist eine unverdiente Gabe, sie ist reine Gnade, ein Geschenk. Ihr könnt Sie Euch nicht selber schaffen und sie durch nichts forcieren, sie ist unbestechlich, sie läßt sich nicht durch Eure guten Werke erkaufen und seien es die edelsten. Sie kann nur empfangen werden und das in voller Demut, in voller Zustimmung, in voller Hingabe. So wird der Mensch zum blanken Spiegel der Gottheit.“

Jesus sprach in dieser Weise noch lange Zeit zu den Freunden, und nun begann es sanft zu regnen, der Himmel noch vom Sonnenglanz erfüllt. Da sagte er zu ihnen:

„Schaut auf! Betrachtet diese funkelnden Juwelen gegen das helle Licht! Jeder dieser winzigen Tropfen strahlt wie ein Diamant, weil er die ganze Sonne in sich spiegeln läßt, die ganze und nicht nur einen Teil von ihr. Jeder Tropfen wird so selbst zu einer wahren, kleinen Sonne.

So steht es um das Wesen des Menschen. Die Anwesenheit Gottes in seinem Innern ist nicht fragmentarischer Natur, sie ist nicht nur teilweise oder bedingt, sondern umfassend und integral wie im eucharistischen Brot. Teilt es an hundert Gläubige aus, an tausend oder an zehntausend, die Gegenwart Gottes wird sich dabei nicht verringern. Sie bleibt im kleinsten Teilchen der Hostie eine vollkommene Gegenwart.

Wenn Gott sich dem Menschen in Liebe gibt, so gewiß nicht in berechnender Zurückhaltung, das wäre wohl ein Widerspruch. Nein, er gibt sich ganz, er gibt sich vollständig, er gibt sich göttlich hin! Der Kleinste der Kleinen unter Euch, der Letzte der Letzten, der Ärmste der Armen, der Elendste der Elenden ist ein lebendiges Tabernakel der unendlichen Gottesgegenwart, ein ‚Auffangbecken' der gesamten Gottesfülle. Ist Euch das vorstellbar?

Der Grund liegt in der Einzigartigkeit des Einzelnen. Für Gott ist jedes Menschenwesen dieser Erde einzig. Einzig! Einzig! Gottes Herz liebt nicht die allgemeine Menschheit in der großen Summe, global oder statistisch nach unseren Kategorien. Nein, wahre Liebe in der Mehrzahl gibt es nicht, sie existiert nur in der Einzahl, im Urpersönlichen. Jeder Mensch ist für Gott ein Alles, ein All, ein Universum. Ein Absolutes.

Gott ist Gott und niemand ist ihm gleich. Er ist Gott, weil er im Gegensatz zum Menschen ohne Lügen und Betrügen wirklich fähig ist, jedes Einzelwesen allein und ganz zu lieben und sich ihm in absoluter Weise hinzugeben.

Erinnert Euch an mein Gespräch mit der Samariterin (Joh. 4, 1-26). Ich hatte damals von Judäa aus weite Gebiete durchwandert, war endlose Straßen gegangen in der Suche nach ihr. Ich mußte mit ihr sprechen! Die Welt zu retten war ich gekommen, doch diese eine Frau war mir wichtig. Um ihr persönlich zu begegnen, verließ ich vieles andere und vergaß es. Endlich, beim Ort Sychar in Samarien fand ich sie. Zur heißen Mittagsstunde am Rande des Jakobsbrunnens sitzend, wie jetzt mit Euch am Rande dieses Bassins der Gleichnisse, hatte ich auf sie gewartet. Sie war gekommen. Sie hat mich während unseres Gesprächs erkannt, und ich hatte sie damit gewonnen. Und indem ich sie gewonnen hatte, hatte ich die gesamte Menschheit gewonnen.

Damals machte ich es meinen Freunden in der Hirtensprache klar. Wenn sich von hundert Schafen eines verirrt, dann läßt der gute Hirte die neunundneunzig zurück und sucht das verlorene Schaf bis er es findet (Lk. 15, 4). Ich bin der gute Hirte, ich muß es finden, denn wenn ich es verliere, dann verliere ich alle anderen mit ihm, ich verliere die Welt, ich verliere meine Mission und meinen Kopf. Könnt Ihr das nachvollziehen?

Vergeßt es niemals: Meine Beziehung zum einzelnen Menschenwesen ist vor allem anderen eine Liebesbeziehung, ein anhaltendes Liebesflüstern zweier Herzen und ein Tête-à-tête, bei dem der andere von einzigartiger Bedeutung ist. Liebende wissen das. Sie erfahren es. Mein Geliebter ist mein, und ich bin sein, singt die Seele, die liebt. Und nur aufgrund dieser Liebesbeziehung kann der Mensch leben, atmen und wirken, nur so kann er den Sinn seines Lebens begreifen lernen. Nur in einer unverwechselbaren, unaustauschbaren, tief persönlichen Liebe, die er erfährt, liegt seine Existenz begründet."

Jesus schwieg. Die Freunde sahen strahlend zum Himmel auf, denn über eine inzwischen dunkle Wolkenwand spannte sich jetzt ein fantastischer Regenbogen und lief hinab bis ins Laub der nahen Bäume. Jesus war dankbar, und er sagte freudig:

„Schaut dieses mystische Zeichen des Friedens und der Harmonie! ... Doch möglich wurde dieses wunderbare Bild nur deshalb, weil jeder einzelne der Myriaden von Regentropfen sich auf die Sonne eingelassen hat. Jeder reflektiert sie nun, die ganze und einzige Sonne!

So gelingt auch dem Menschen der Bau einer Welt des Friedens, der Harmonie und der Geschwisterlichkeit nur dann, wenn jeder Einzelne zu dieser mystischen Erfahrung gelangt. Der farbenreiche Regenbogen einer versöhnten und vereinten Menschheit wird sich erst dann sichtbar für alle über Euch erheben, wenn jeder die göttliche Sonne in seinem Herzen entdeckt hat und sie voll in sich erglänzen läßt.

Hat nicht einer Eurer modernen Denker gesagt: Brich das Herz eines Menschen auf, und Du findest eine Sonne (Suhrawadi)?"

Christustränen

VGL. DIE PASSION JESU, MARKUS 15, 1–32

In diesen Tagen hatte sich Jesus entschieden, den Libanon zu bereisen, es war in den letzten Tagen des Jahres 1993. Er wollte mit dem Süden des Landes beginnen, den er in früheren Zeiten mit seinen Aposteln durchstreift hatte. Wie immer umgaben ihn Freunde, hier waren es Libanesen, die ihn begleiteten und ihm die verwundete Heimat nach siebzehn Jahren Krieg und Gewalt vor Augen führten.

Eine ehemalige Dorfstraße im Chouf-Gebirge, südöstlich von Beirut, säumte zu beiden Seiten Mauerbruch, Schutt und Erde, bereits mit Moosflechten und wilden Kräutern bewachsen, dazwischen wucherndes Dornengestrüpp. Das, so erklärte man ihm, seien die Reste einer kleinen Ortschaft, wo einmal die Lausbuben lachten und tollten, wo alte Männer bei Sonnenuntergang auf der Kaffeehaus-Terrasse ihre Wasserpfeife rauchten und wo sich die Frauen bei der gemeinsamen Arbeit viel zu erzählen hatten …

Alle führten sie ein bescheidenes, aber normales Leben.

Bis zu jener Höllennacht – der Entfesselung des Bösen! Ohne erkennbaren Grund schnitten Christen, Drusen und Muslime, die jahrein und jahraus in friedlicher Nachbarschaft miteinander gelebt hatten, einander die Kehlen durch, zündeten einander die Häuser an, metzelten, plünderten und schlugen sich um das Raubgut. Wer in dieser Nacht noch fliehen konnte, erlebte einen Exodus bei winterlicher Kälte, die schreienden Kinder auf den Schultern schleppend, über eisbedecktes Felsgestein balancierend und sich durch scharfe Brombeerhecken zwängend, um dem Tode zu entrinnen.

Auch in der Gegend von Saida beschritt Jesus mit Andacht einen der toten Wege, auf denen bis zum Todessturz buntes, orientalisches Leben geblüht hatte. Er kletterte eine Halde aus Betonblöcken hinauf, die Freunde folgten ihm, und ließ sich auf einem dieser Ruinensteine nieder, gegenüber eine geborstene Mauerfläche, die Wand eines Badezimmers, angrenzend wahrscheinlich die Reste von Schlafräumen. Jesus stellte sich die Mutter vor, wie sie ihre Kinder dort gebadet und singend zu Bett gebracht hatte, und auch an die kleinen Familienfeste in diesem Hause dachte er. Rechts wies eine Gespenstertreppe, aus dem Schutt aufragend, ins Leere.

Jesu wandernder Blick ging weiter. Jetzt traf er auf die kleine Dorfkirche, der die Granaten den Leib aufgerissen hatten. In ihrem Halbdunkel fanden seine Augen den zerschmetterten Altar, daneben, noch immer aufrecht, eine geköpfte Marienstatue. Darüber pendelte im Zugwind ein sterbender Christus, da sein Kreuz ihn nur noch an letzter Stelle hielt. Über allem lag friedliche Ruhe. Von der Spitze einer verbogenen Eisenstange sang ein Vöglein sein melodisches Lied und kontemplierte den Himmel, der ihm gehörte.

Jetzt entdeckten die Freunde, die Jesus schweigend beobachtet hatten, zu ihrer Verblüffung einige große Tränen, die sich aus seinen Augen lösten, über das Gesicht rannen und auf seine Hände fielen. Doch nach einer höflichen Zeit des Wartens unterbrach einer von ihnen jäh diese Stimmung und schleuderte Jesus eine verzweifelte Anklage entgegen:

„Jesus, warum das alles? Warum? Wozu dieser Irrsinn? Wieso erlaubt Dein Gott eine solche maßlose Tragödie? Wo bist Du bei diesem tobenden Haß nur gewesen? Wo warst Du bei dieser Zerstörungswut und bei den Gewaltakten von Mensch gegen Mensch? Was hast Du getan, um dieses Morden zu verhindern? Warum hast Du tatenlos zugesehen? Ja, schläfst Du denn in Deinem Himmel wie damals im Boot auf tosender See auf einem Ruhekissen? Warum bist Du hier im Kriegssturm des Libanon nicht aufgestanden wie damals im Boot und hast ihm Ruhe befohlen? Jesus, mir ist das unbegreiflich!"

Jesus erhob den Kopf, sein Blick verlor sich in der Weite. Dann sprach er zu ihnen allen:

> *„Ja, warum. Warum diese Lebensvernichtung in all ihren Grausamkeiten ... Ihr meint also, es sei Gott, der all das stillschweigend ge-*

währen lasse, ja vermutlich gar wolle, andernfalls griffe er ein. Ihr sprecht Gott schuldig als den Verantwortlichen menschlichen Wahnsinns in Zeiten des Krieges.

Glaubt Ihr denn ernsthaft, daß Gott die Menschen als Marionetten in seinen Händen tanzen läßt und sie anhält nach seinem Belieben? Daß er Euch mit seinem Willen füttert gerade so wie Ihr heute Eure Computer? Dann müßt Ihr auch glauben, daß die Menschen ihm nicht mehr bedeuten als gehorsame Puppen und Automaten, mit denen er spielt oder sie links liegen läßt gemäß seiner göttlichen Launen. Offensichtlich stellt Ihr Euch meinen Vater als Fernlenker Eurer Geschichte vor, der mithilfe der von ihm eingesetzten Engelkommandos seinen seit aller Ewigkeit ausgearbeiteten Plan zur Verwirklichung bringt. Keine Menschheitsgeschichte gibt es demnach, nur eine Gottesgeschichte. Oder?

Habt Ihr denn noch nicht verstanden, daß die Welt Euch anvertraut wurde und daß sie das werden wird, was Ihr aus ihr macht? Habt Ihr noch nicht verstanden, daß Ihr selbst es seid, die die Geschichte lenkt – zum Guten, zum Bösen? Eure Weltgeschichte wird am Ende das Aussehen haben, das Ihr ihr gegeben habt, Ihr selbst, und jeder von Euch war beteiligt. Habt Ihr noch nicht verstanden, daß Ihr vollkommen freie Wesen seid – und das mit allen Konsequenzen? Frei, um etwas unvorstellbar Großes heranzubilden und ebenso frei, alles Gute zunichte zu machen? Frei, um JA zu sagen und frei, um NEIN zu sagen? Frei, um zutiefst zu lieben und frei, um zutiefst zu hassen?

Die Freiheit, mit der Ihr von göttlicher Seite beschenkt wurdet, ist etwas Kostbares im höchsten Maße, denn sie gibt Euch die Möglichkeit, Euch bewußt selbst zu wählen und innerlich zu gestalten, das heißt, Euch selber langsam zum wahren Menschen zu erschaffen. Denn es ist diese Freiheit allein, die Euch als geistige Wesen auszeichnet, sonst wärt Ihr gesteuerte Maschinen, kleine Triebwerke Gottes, nichts weiter. Würde Gott das beglücken? Würde Euch das beglücken?

Nein, Gott manipuliert keine Menschenherzen, er geht nicht über Euer eigenes Wollen hinweg, denn die Freiheit, die er Euch gab und die Ihr allezeit habt, bedeutet Eure Größe und Eure Würde als Gotteskinder.

Freilich hat dieses außerordentliche Geschenk auch seine Kehrseite: Gott ist bei der Entscheidung, Euch diese Freiheit voll zu gewähren, ein unabschätzbares Risiko eingegangen, ein schlimmes Risiko! Das ganze Projekt ‚Menschheitsgeschichte' könnte von vornherein zum Scheitern verurteilt sein. Schaut doch dieses Trümmerfeld rings um Euch her! Versiegtes Leben. Ein lebendiges Dorf fiel zurück in die Nicht-Existenz ... Und warum griff Gott nicht ein? Weil er sich mit dem Schöpfungsakt der menschlichen Freiheit die Hände gebunden und Euch die Welt übergeben hat. Seitdem ist die Welt EURE Welt. Seitdem ist die Geschichte EURE Geschichte.

Zugleich ist sie aber auch meine Geschichte, weil ich mich an sie hingegeben und voll in ihr engagiert habe. Ganz bin ich in sie einge-

drungen und habe sie zu der meinen gemacht. Und dennoch fragt Ihr, wo ich während dieses libanesischen Dramas gewesen sei und warum ich nur zugeschaut habe, als die Menschen ihre Nächsten ermordeten. In fernen Höhen droben von freundlichen Engeln umgeben, thronend in meiner Herrlichkeit, wie Ihr es genannt habt? … Die Mehrheit der Gläubigen assoziiert solche Bilder.

In Wahrheit bin ich überall anwesend. Ich bin anwesend in den entsetzlichsten Augenblicken des Krieges und in den blutenden Herzen dieser verwüsteten Dörfer. Ich bin anwesend im Aufschrei der Kinder, die sich an den Leib ihrer Mutter pressen; und ich selbst bin der Erniedrigte, der Gedemütigte, der Entehrte in einem vom ganzen Militär vergewaltigten jungen Mädchen. Der zerfetzte Körper eines Soldaten, wimmernd am Weg und achtlos überrollt vom pfeilschnellen Jeep der Miliz – das ist mein Körper!

Wollt Ihr nicht einmal nachlesen, wie der Prophet Jesaja mich angekündigt hatte, lange vor meiner damaligen Menschwerdung hier in dieser Gegend? Er predigte: Viele haben sich über ihn entsetzt, so entstellt sah er aus, nicht mehr wie ein Mensch, seine Gestalt war nicht mehr die eines Menschen (Jes. 52, 14). Und in einem der Jesaja-Lieder vom Gottesknecht lest Ihr: Er wurde verachtet und von den Menschen gemieden, ein Mann voller Schmerzen (Jes. 53, 3a). Sehr wohl verstanden hatte es auch in einem späteren Jahrhundert Pascal, indem er mir die wahren Worte in den Mund legte: Bis ans Ende der Zeiten werde ich im Todeskampf liegen.

Das ist meine ‚göttliche Ohnmacht', meine lieben Freunde, denn noch immer werde ich an die Menschen ausgeliefert und ihrer Freiheit anheimgestellt. Wie damals im Jerusalemer Gerichtssaal, als man mich seelisch zum Äußersten quälte. Dann kam Golgatha, das Kreuz, die Verbannung aus der geliebten Menschheit und die Verdammung gemeinsam mit allen Verdammten der Erde.

Das Risiko der Freiheit bin ich nicht FÜR den

Menschen, sondern MIT dem Menschen eingegangen. MIT jedem von Euch und IN jedem von Euch. Euer Lebenswagnis ist das meine, Euer Schicksal ist das meine, Euer Kampf ist der meine, Euer Leiden ist das meine, Eure Agonie ist die meine, Euer Tod ist der meine.

Schaut den Christusleib dort drüben, schwankend in dieser düsteren Höhle einer Kirchenruine – das bin ich wahrhaftig! So hänge ich zwischen Himmel und Erde, zwischen Himmel und Hölle, bis zum letzten Tag EURER Geschichte."

Hier hielt Jesus ein. Auch die anderen schwiegen. Und auch der kleine Vogel beendete seinen Gesang, schwang sich auf und verschwand im Dunkel einer klaffenden Wunde dieser verlassenen Kirche.

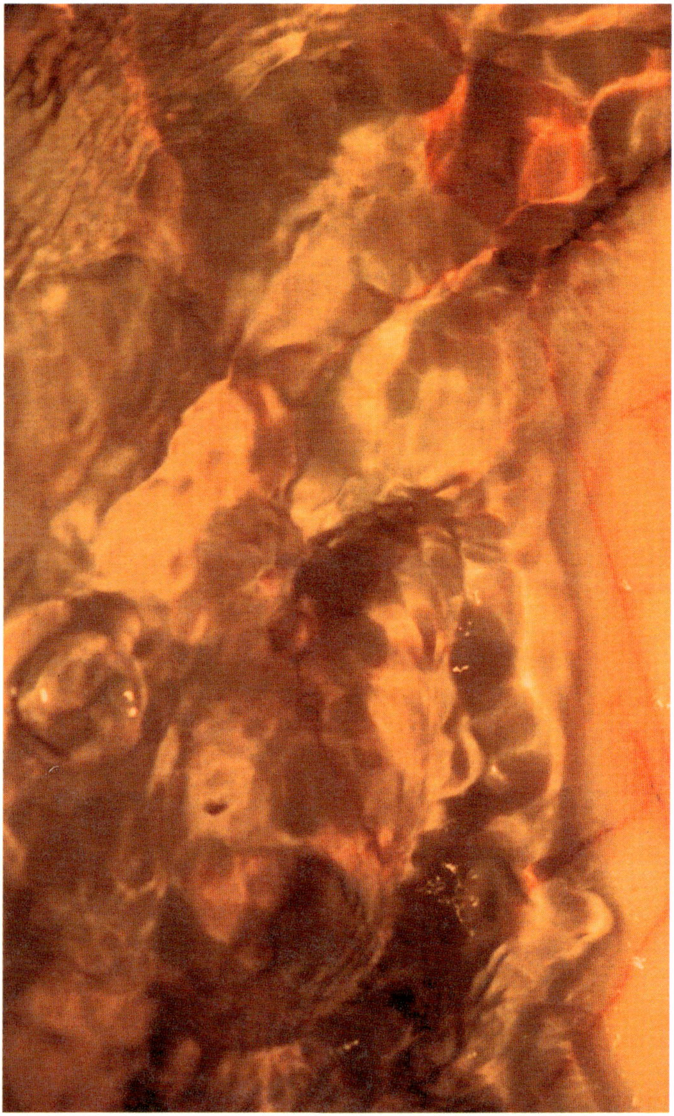

Die Betonmauer

VGL. GLEICHNIS VOM ARMEN LAZARUS UND VOM REICHEN PRASSER, LUKAS 19–31

In diesen Tagen kamen Jesus und seine Freunde, in Gespräche vertieft, am großen Fünf-Sterne-Hotel der Stadt vorüber. „Folgt mir!" sagte er plötzlich und ging über die gepflegten Grünanlagen zum Eingang hinauf und bis an die Rezeption. Jesus interessierten die Preise: Einzelzimmer mit Bad 150 Dollar, Luxus-Suite 800 Dollar. Darüber ein Anschlag: „Alles ausgebucht!"

Was die schwere Betonmauer dort draußen vor den Augen der Hotelgäste verdeckt hielt, das wußte jeder: eine riesige Krebsgeschwulst in unaufhaltsamem Wachstum begriffen – das Elendsviertel. Dennoch schwirrten die dürren, barfüßigen, mit Fetzen bekleideten Kinder zu Hunderten von dort hier herüber, umschlichen den Hotelbau, bettelten heimlich, suchten nach etwas Eßbarem. Die Touristen weigerten sich, diese Gestalten überhaupt wahrzunehmen, waren sie doch widerlich anzusehen und störten sie das allgemeine Dekor.

Tag für Tag schauten diese Hungrigen mit weit aufgerissenen Augen durch die Fenster der Speisesäle und weideten sich am Anblick der Delikatessen im Überfluß. Wohin gingen nur diese vielen unangetasteten Platten, die man ständig zurück in die Küche trug? Es schien, daß die Ausländer viel lieber schwatzten, lachten oder still vor sich hindösten als Vergnügen am Essen zu haben. Wer soll das verstehen? …

Jetzt rissen die Kinder sich vom Schauspiel des Schlaraffenlands los und spielten, um ihren Schmerz zu vergessen, mit einem selbstgewickelten Lumpenknäuel Fußball auf einem der schönen Rasen. Ein kurzlebiges Vergnügen freilich, denn kaum begonnen, so wurden sie schon von zwei herbeieilenden Bediensteten in goldglitzernder Livree unter einem Hagel beleidigender Schimpfwörter zum Teufel gejagt.

Jesus ging einem der armen Jungen nach, um ihm ein paar Fragen zu stellen:

„Sag, wie geht es Euch daheim? Hat Dein Papa Arbeit?"
„Er schlägt sich durch."
„Weißt Du wieviel er im Monat zusammenbringt?"
„Ungefähr 100 Pfund."
„Und die Mama?"
„Muß daheimbleiben, denn da gibt's noch vier kleine Geschwister."
„Wie sieht Eure Wohnung aus?"
„Wohnung? ... Wir haben nur ein Zimmer und nur ein Bett im Unterbau eines kleinen Hauses."
„Toilette?"
„Die gibt's dort nicht. Auch kein Wasser. Das holt unsere Mutter von der Gemeinschaftspumpe des Viertels."
Der Junge rannte davon und verschwand hinter der Mauer.

Jesus war außer sich. Um nicht zu explodieren, biß er sich scharf auf die Lippen. Dann sagte er zu seinen Begleitern:

> *„Der Vater dieses Kindes verdient 100 Pfund, das sind 30 Dollar. Wenn ich es recht über-*

schlagen habe, so verjubelt ein Gast dieses Luxushotels in einer einzigen Nacht den zweijährigen Lebensunterhalt dieser Familie. Das ist doch unfaßbar! Wie soll man eine solche Kluft akzeptieren, die diese beiden Welten voneinander trennt?

„Hast Du den letzten UNDP-Report gelesen?" fragte ihn einer der Freunde und meinte den Bericht des Entwicklungsprogrammes der Vereinten Nationen. „Dort ist diese Trennwand anders gezogen und zwar zwischen den reichen und den armen Ländern, sogar innerhalb derselben Region wie z. B. der arabischen, zu der wir gehören. Demnach beträgt das Pro-Kopf-Jahreseinkommen der Vereinigten Emirate am Golf 15.000 Dollar und das von Somalia nur 150, die Differenz ist also 1:100 und verglichen mit jenen Ländern, aus denen diese Touristen kommen, gewiß noch gewaltiger. Jesus, sag etwas!"

Jesus beherrschte seinen Zorn und erinnerte die Gruppe in ruhigem Ton an sein Wort von damals:

„Weh' euch, die Ihr reich seid, denn ihr habt keinen Trost mehr zu erwarten (Lk. 6, 24) … Wenn ich die Reichen damit verwünscht habe, dann gewiß nicht deshalb, weil sie reich waren, denn der Reichtum selbst ist kein Fluch. Im Gegenteil, Geld und Gut können zum Segen werden, wenn man zu teilen versteht, sie können einen Menschen groß werden lassen, wunderbar groß! In den meisten Fällen jedoch verschließt und isoliert ihn sein Reichtum, schirmt ihn ab, läßt ihn blind und taub und gleichgültig werden gegenüber der Not seiner Mitmenschen. Das ist das Unheil eines persönlichen Reichtums. Nein, der Fluch liegt nicht in Geld und Besitz, sondern in der verheerenden Härte eines daraus erwachsenden Egoismus, die ihn innerlich verkrustet und langsam versteinert.

Schaut Euch diese Touristen doch an! Eine Pflichtbesichtigung jagt die andere, alle Museen und Sehenswürdigkeiten des Landes werden mitgenommen, sie verausgaben ihre kostbare Energie vollkommen, dazu schlemmern sie sich krank. Und nicht einer unter ihnen hätte je das Verlangen, einmal ein paar Schritte hinter diese Betonmauer zu wagen, um zu erfassen, was ein Slum in seiner nackten Wahrheit bedeutet.

Diese Mauer, liebe Freunde, ist ja doch das Symbol für jene andere Mauer, die hoch aufgerichtet in ihrem Innersten steht. In ihr manifestiert sich die eigene Abriegelung, die sich verewigen könnte. Die unüberwindliche Kluft, von der ich damals im Gleichnis vom armen Lazarus und dem reichen Prasser sprach (Lk. 16, 19–31), ist der Abstand zwischen Himmel und Hölle. Sie bezeichnet die Unfähigkeit eines verhärteten, lieblos gewordenen Herzens, die Distanz zu löschen, die es von den anderen Herzen trennt. Diese Betonwand dort vor Euern Augen tragen unsere Reichen in Wahrheit in ihren Herzen, und der Abgrund, der sie von den Elenden trennt, den haben sie eigenhändig gegraben, so schrecklich tief und weit, daß sie ihn nicht mehr überbrücken können.

Warum? … Keine Macht der Welt, nicht ein-

mal die Allmacht Gottes, ist in der Lage, ein freies Wesen, das sich der Nächstenliebe verweigert, zur Öffnung zu zwingen. Der in sich verschlossene Mensch, der nur sich selber im Sinn hat, wird als Gefangener seines eigenen Ichs in alle Ewigkeit einsam in sich vermauert bleiben.

Versteht Ihr nun, was mit dem Begriff der Hölle gemeint ist?"

„Wir haben es verstanden", sagten die Freunde erschüttert, und die Gruppe setzte ihren Weg durch die Stadt fort.

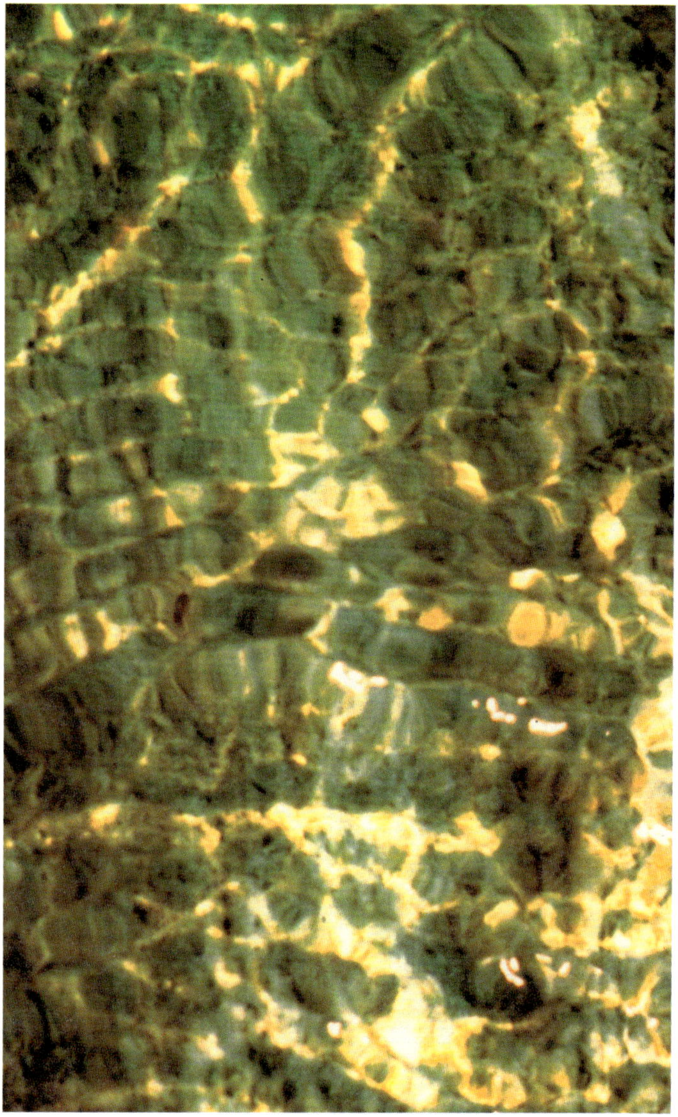

Das Medienzentrum

VGL. GLEICHNIS VOM WEINSTOCK,
JOHANNES 15, 1–17

In diesen Tagen war Jesus in das Medienzentrum des Landes gebeten worden, um zum Angestellten-Team von Funk und Fernsehen zu sprechen. Man begann mit einer gründlichen Besichtigungstour des gesamten Gebäudekomplexes: Zahlreiche Studios, eindrucksvolle Filmateliers, ultramoderne Büroräume – ausgestattet mit einer Fülle elektronischen Instrumentariums nach dem letzten Stand. Rote Leuchtkörper und Tonsignale, denn spezielle Computer befanden sich über Antennen und Satelliten in Kontakt mit allen Teilen der Welt. Bildschirme, Kameras, Telefone und Faxgeräte, quasi eines neben dem andern und alle in Aktion.

Die Angestellten beobachteten Jesus neugierig aus den Augenwinkeln, um seine Reaktionen zu erhaschen. Er war sichtlich interessiert, das freute sie. Kopfschüttelnd betrachtete er die Dinge und folgte den Erläuterungen sehr genau, auch stellte er selbst informative Fragen. Dann begab man sich in den Saal für die internen Funk-Symposien, und Jesus begann zu ihnen zu sprechen:

> *„Ich bin voller Bewunderung für die fabelhafte Arbeit, die hier rund um die Uhr geleistet wird, desgleichen für die Spitzentechnologie, die Sie meisterhaft zum Einsatz bringen. Dieses Medienzentrum ist ein ganz außerordentliches Mittel, unsere fünf Kontinente Tag und Nacht in Verbindung zu halten, um Menschen im afrikanischen Busch und am Amazonas zu erreichen wie in den großen Wirtschafts- und Kulturzentren oder in den politischen Zentralen unserer Hauptstädte. Praktisch jeder Mensch kann Ihre Programme empfangen, selbst draußen im Feld und auf der Autobahn.*
>
> *Zum ersten Mal in der Geschichte ist die gesamte Erde mit einem Kommunikationsnetz überspannt worden, das sie zu einem WELTDORF gemacht hat, wie Mc Luhan es genannt hat. Das ist eine herrliche Entwicklung, denn sie trägt dazu bei, DIE GROSSE MENSCH-*

HEITSFAMILIE heranzubilden, so wie ich sie damals für die Welt erträumt und den Menschen von Herzen gepredigt hatte: Geht dieses Ziel gemeinsam an! Webt an Eurer Einheit! …

Dank Ihnen sollte sich die Gesamtmenschheit heute mehr denn je verbunden wissen, sie sollte sich bereits in fortschreitendem Maß solidarischer und geschwisterlicher verhalten. Ist das aber der Fall? Genügt es, dieses dichte Netz einer perfekten Telekommunikation über dem Globus auszuspannen, genügt es, das geringste Tagesereignis augenblicklich an den entlegendsten Orten millionenfach widerklingen zu lassen, um schon von der EINHEIT der Menschen zu sprechen? …

Nein. Dieses Netz ist nur ein Mittel im Dienst für ein Ziel. Welches Ziel? DER AUFBAU DER MENSCHHEITSFAMILIE.

Im Grunde genommen verfolgen Sie und ich ein- und dasselbe Ziel, verschieden sind nur unsere Rollen. Sie stellen wertvolle Blitzkontakte her, Sie wollen dieses Netz ständig enger ziehen, Sie halten einen reichen Informationsfluß in Gang – das ist Ihre Rolle. Die meine ist, dem ganzen technischen Gefüge eine Seele einzuhauchen. Ich muß diesem Kommunikationswesen den letzten Sinn seines Bemühens offenbaren. Ich muß an den wahren Auftrag moderner Medienarbeit erinnern, jenseits der unmittelbaren Nachrichtenübertragung, und sei es die dringendste; jenseits der zahlreichen Unterhaltungssendungen, und seien es die besten; jenseits aller Lehrprogramme, und seien es die nützlichsten.

Ich bin die Seele dieses Netzes, dieses Nachrichtenleibes, das allem den Sinn verleiht. Ich bin das geheime Band, das die Herzen eint und die Wesen aneinander bindet. Ich bin das geistige Licht, das jeden Menschen erleuchtet (Joh. 1, 9b).

Wenn dieses Licht nicht aus der Mitte des Menschengeistes aufscheint, wenn diese Liebesflamme nicht am tiefsten Grunde des Menschenherzens lodert – mit anderen Worten: wenn mein göttliches Leben im Innersten des

Menschenwesens nicht existentiell erfahrbar wird, dann werden selbst die fantastischsten elektronischen Wunderwerke der Hochzivilisation die Menschen nicht zu ihrer Einheit bringen können. Auch nicht bei Satellitenanschluß. Weder heute, noch morgen, noch übermorgen.

Nur aus dem Innersten entblättern sich wie bei einer Blume die Dinge. Und ich bin dieses Innerste. Nur aus der Herzmitte strahlt alles Wesentliche. Und ich bin diese Mitte. Folglich muß vom Zentrum her alles begonnen werden, um sich im Ziel einst zu vollenden. Aber die Welt hat das noch nicht verstanden. Es mangelt ihr an dieser seelischen Substanz, daher verharrt viel gutes Bemühen letztlich im Äußeren oder verliert sich im Nebensächlichen. Ich bin dieser Seelenzuschuß, den die Welt braucht.

Gewiß bestätige ich die unbedingte Notwendigkeit technischer Fernverbindungen, für die moderne Existenz sind sie unentbehrlich geworden. Auch die UNO und die vielen ande-

ren aktiven Internationalen Organisationen, die tapfer darum ringen, unsere Welt zu strukturieren, gewinnen zunehmend an Bedeutung, reichen letztlich aber doch nicht aus. Denken Sie an das neue Schlagwort DIE NEUE WELTORDNUNG – ein Ideal, das ohne meinen ‚Seelenzuschuß' nicht verwirklicht werden kann. Ich bot ihn damals an. Ich biete ihn wieder an.

Als ich damals sagte, ich sei der Weinstock und Ihr die Reben (Joh. 15, 5), wollte ich in dieser Bildrede veranschaulichen, daß die gegenseitige Zugehörigkeit – und Abhängigkeit – der menschlichen Individuen, der Völker und Nationen dank dieser organischen Verbindung besteht, die ich bin. Ich lebe und agiere im Tiefenbewußtsein eines jeden Menschen. Mein Herz schlägt im Zentrum eines jeden Menschenherzens. Doch nicht alle Herzen wissen es.

So wiederhole ich: Jenseits aller Strukturen und Superstrukturen, jenseits der begrüßenswerten Weltorganisationen und der straffen tech-

nischen Verknüpfung durch die Massenmedien und jenseits der fortlaufenden Angebote an Symposien und Kongressen, Seminartagungen und Konferenzen fehlt es der Welt noch immer an einer alles verbindenden Seele.

Ich bin die Seele dieser Welt, denn ich bin ihr inneres Leben. Ich bin das wahre verbindende Gewebe, die organische Struktur. Ich schaffe Eure Einheit, nach der Ihr alle unterwegs seid."

Das Alpenparadies

VGL. DIE NEUE WELT GOTTES,
OFFENBARUNG 21

In diesen Tagen beendete Jesus eine anstrengende Reise durch Österreich – täglich Vorträge, unzählige Besprechungen und Tröstungen von Einzelnen. Die letzte Station: Innsbruck. Hier stimmte er endlich einer freundlichen Einladung zu, sich mit seinem kleinen Arbeitsteam für einige Stunden auf den greifbar nahen Höhen zu entspannen.

Es war die Zeit der Maiblüte in den Bergen. Die Tiroler Sonne brannte stark vom wolkenlosen Himmel, die weiten Matten glühten gelb vom Löwenzahn. Jesus saß wie immer im Fond des Wagens, um die Landschaft stiller zu genießen; man wußte das, und niemand störte ihn. Jede Wegbiegung nach oben überraschte mit einem neuen Panorama, im Hintergrund die wildgezackten, schneeglänzenden Gipfel gegen das tiefe Himmelsblau, im Vordergrund der zarte Schleier der hellgrünen Lärchen, die Autostraße säumend. Und dann die liebenswerten, bunten Häuschen, die sich sparsam hier und da an einen sanften Hügel schmiegten …

Jesus empfand Seligkeit und tiefen Frieden. Dieser Frühlingszauber war für ihn ein Nacherleben der Freude Gottes in den Schöpfungsstunden, als er sein Werk betrachtete und fand, *daß alles gut war* (Gen. 1). Einer der Freunde fühlte es und flüsterte: „Du bist glücklich, nicht wahr?" Jesus strahlte und öffnete sich augenblicklich:

> *„Mein Herz ist am Zerspringen. Dieses Naturerlebnis ruft in mir das Paradies der Zukunft wach, den neuen Himmel über einer neuen Erde (Off. 21.1). All das, was sich hier vor Euch weitet, das müßt Ihr mit rechten Augen sehen und es in der rechten Weise kosten, denn es schenkt den Vorgeschmack des Kommenden. Die Welt von morgen bereitet sich in dieser vor, und manchmal scheint der Abglanz der Vollendung deutlich auf. Ich bin schon jetzt mit Euch im Paradies!*

Der Garten Eden, wie ihn die Genesis Euch beschreibt, ist nichts anderes als das ferne Bild der zukünftigen Friedenswelt, in der der Mensch letztendlich mit sich selbst vereint sein wird, vereint mit Gott, vereint auch mit den anderen und mit der Natur. Dann wird er tiefstes Glück empfinden, weil er die Einheit allen Seins erfährt.

Heute habt Ihr schon die Freude des siebten Tages. Mögen Eure Sonntage doch wirklich den Geschmack des wahren Feiertages haben, lebt diesen Tag als den Beginn der Neuen Schöpfung! Ich wünschte mir, daß jeder Eurer Sonntage für Euch das Sakrament der Welt von morgen sei. Jeder Sonntag sollte dieser helle Durchbruch im Grau der Arbeitswoche sein, der Euch ein wenig davon zeigt, was kein Auge gesehen und kein Ohr gehört und was keinem Menschen in den Sinn gekommen ist, das Große, das von Gott für Euch bereitet wird (I Kor. 2, 9). Deshalb habe ich den siebten Tag geheiligt und zum Sakrament erklärt, doch zum Sakrament der echten Freude und der Zuversicht, zum Sakrament des Ewigen.

Der Mensch unserer Zeit muß dringend wieder lernen, sich wahrhaft zu entspannen und vollbewußt das viele Gute aufzunehmen. Steht nicht in der Schrift, daß es für alles eine Zeit gibt, weil alles unterm Himmel seine Stunde hat? (Prediger 3, 1–8) Ja, es gibt eine ernste Zeit des Arbeitens und eine Zeit des frohen Genießens. Glücklich der Mensch, der darum weiß und recht versteht, die Welt zu schmecken und sie zu verkosten."

Der Wagen hielt. Frohgestimmt begab man sich auf eine kleine Wanderung durch den leichten Frühlingswald in seiner Leuchtkraft, seinem Schwung der jungen Triebe. Alle atmeten bewußt und tief das frische Fichtenharz. Jesus war in Jubelstimmung. Und als der Waldweg sich zu einem weiten Kleefeld öffnete, das sorglos unter der klaren Sonne schlummerte, warf Jesus sich hinein, streifte die Schuhe ab und streckte seine Arme weit von sich. Die Augen hielt er halb geöffnet, um auch vom Himmel über sich zu tanken. In Wonne strichen seine Hände durch den saftigen Klee, ganz wollte er das Glück ertasten, auch seine nackten Füße spielten mit dem Grün in wahrer Sinnenlust. Die Zeit stand still für ihn, und leise wiederholte er noch einmal, was er bereits empfunden und geäußert hatte:

„Ich bin schon jetzt mit Euch im Paradies."

Mittag. Die Gruppe „weckte" Jesus, und alle setzten ihren Weg in Freude fort. In der Idylle eines nahen Gartenrestaurants war ein Tisch bestellt. Jesus, noch immer vollkommen entspannt, scherzte, lachte herzlich, plauderte über Alltägliches, und seinen Grillteller ließ er sich köstlich munden. Wie sehr die Freunde ihm doch all das Gute heute gönnten!

Später, beim Eis-Dessert, entdeckte er am Nebentisch eine anmutige Schönheit im bunten Dirndl, das blonde Haar zu einem dicken Zopf geflochten, die sich geschlossenen Auges hingebungsvoll in dieser Bergeshöhe bräunte. Auch dieses Bild nahm Jesus entzückt und lange in sich auf, bis ihn einer der Freunde unterbrach und neckte: „Nun, sind unsere Österreicherinnen nicht charmant? Es scheint, heute genießt

Du nicht allein die Schönheit der Natur und ein gutes Essen!" Jesus bestätigte es schmunzelnd:

„Ist denn eine schöne Frau nicht auch ein Hinweis auf Unendlichkeit und Ewigkeit? Ich wußte nicht mehr, daß ich sie so schön erschuf. Die Frau – das letzte meiner Geschöpfe und doch das erste, das ich vor Beginn des großen Schöpfungswerkes schon im Sinne hatte. Die Frau als Abbild der Vollendung, die Frau als Abbild einer Welt in der Vollkommenheit, die Frau als Abbild einer Menschheit im hohen Stand der Fülle. Ich will es Euch gestehen: Die Frau ist mein wahrer Stolz. Sie ist mein Meisterwerk. Vor ihr bedecken selbst die Engel ihr Gesicht. So ist es denn nicht verwunderlich, daß sie die Männer hier auf Erden so betört und fasziniert."

Das war erfrischend! … Doch einer fragte Jesus: „Aber hast Du im Evangelium nicht auch vor ihr gewarnt? Pardon, ich meine, hast Du nicht den Mann gewarnt vor einem gewissen Blick?"

„Recht hast Du, sein Blick der Wollust war gemeint, denn nicht jeder Blick des Mannes hat denselben Inhalt. Wie oft ist er von Gier und Dominanz getragen, er will Besitz anmelden, will ergreifen und gefangennehmen. Es gibt Blicke, die verschlingen. Damit läßt er die Frau rasch zum Objekt erstarren und ist selbst dann der Enttäuschte.

Es gibt noch den ganz anderen Blick, den Blick des Taktes und des Zartsinns, mild im Herzen und unangefochten. Dieser subtile Blick betrachtet die Frau, begleitet von viel Zärtlichkeit, mit innerer Sammlung und mit Andacht, nahezu auf religiöse Weise. Es ist der Blick des reinen Herzens. Über alle Physis geht er weit hinaus und erreicht die Frau in ihrer Wesensmitte, dort, wo Gott in ihr sein Leben führt – in ihrem Herzen. Erinnert Euch an meine Seligpreisungen: Selig, die ein reines Herz haben, denn sie werden Gott schauen (Mt. 5, 8).

Doch gebt acht! Die Reinheit, von der ich damals immer wieder sprach, bedeutet keines-

wegs sture Verweigerung und Abtötung, um einer zwanghaften Leere willen, gespeist aus Tabu-Vorstellungen jeder Art, sondern es ist eine Reinheit der Freiheit und der Lebensfrische, eine Reinheit der Transparenz und doch der wahren Fülle im Erleben. Diese Reinheit ist fähig, eine Seele zu berühren jenseits eines Körpers, auch jenseits eines entblößten Körpers. Der reine Blick dringt zur geheimen Mitte vor und wird dort immer Zutritt zum Allerheiligsten erhalten, weil es der Blick der radikalen Armut ist und eines unendlichen Respektes.

Demnach ist die Reinheit, die ich die Menschen lehrte, eine Reinheit der vollständigen Entäußerung, es ist die Reinheit eines Verlangens, das sich der Erfüllung entziehen möchte, um es immer wachzuhalten, um es am Leben zu erhalten. Nur dieser reine Blick wird fähig sein, die Schönheit in ungebrochener Blüte zu bewahren und sich tief an ihr zu nähren, ohne in ihr zu ertrinken.

Übt diese Reinheit, Freunde, die Euer Wesen nicht verschließt und nicht verhärtet, sondern die Euch weithin öffnet und Euch selbst das wahre Lieben lehrt. Übt Euch in der Liebe einer Neuen Welt! Selig, für den die Schönheit ein Königsweg zum Herzen Gottes ist, das Himmelreich ist ihm …

Die Schönheit der Frau, die Schönheit der Natur, die Schönheit dieses Alpenparadieses … O, mein Evangelium ist keine Schule der verklemmten Traurigkeit, sondern der tiefen Lebensfreude im Überschwang der Existenz. Es lehrt Euch die Erfahrung des Übermenschlichen – das Paradies durch viele Zeichen schon vorweggenommen, damit es Euch entzücken und bezaubern, begeistern und beflügeln soll. Wenn Ihr es doch schon zu leben wüßtet! …

Und noch einmal: Der Verzicht, den ich gelehrt hatte, verfolgt keinen anderen Sinn und Zweck, als den notwendig tiefen Raum menschlicher Sehnsucht zu erhalten und zu weiten. Denn er allein macht fähig, die ganze Welt keusch zu umarmen und zugleich auf höchster Ebene zu verkosten."

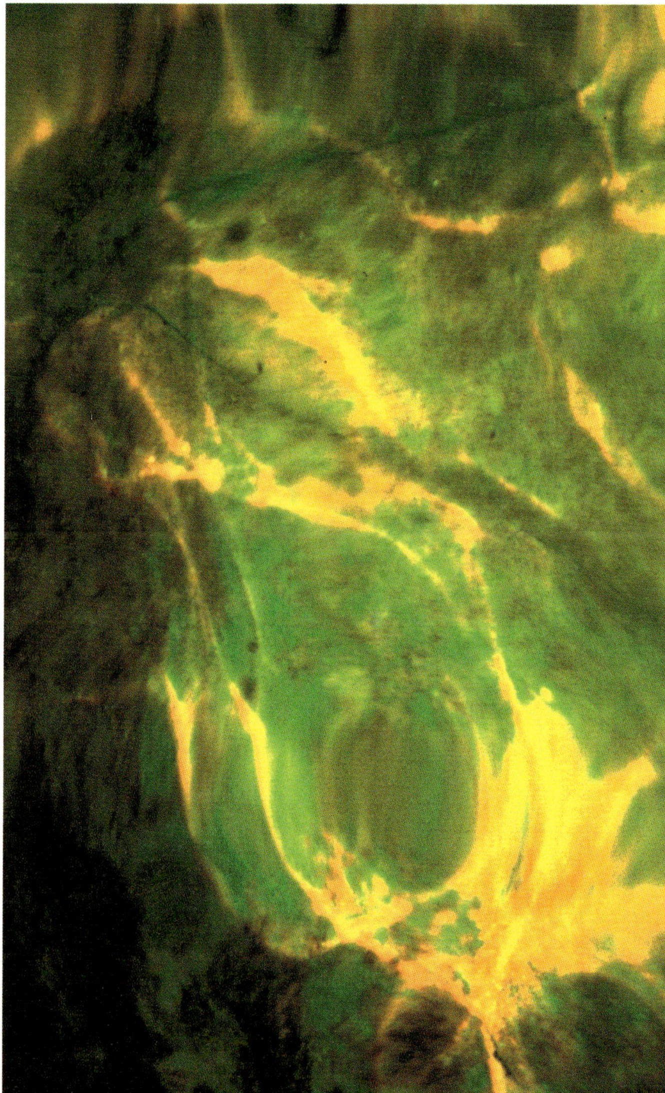

Der Weltmittelpunkt

VGL. GLEICHNIS VOM GUTEN HIRTEN,
JOHANNES 10, 1–18

In diesen Tagen gruppierte sich um Jesus viel städtische Jugend – in der Hand das Evangelium. Die jungen Menschen erbaten sich *das Gleichnis vom Guten Hirten* in neuer Form, in einer anderen, in einer zeitgemäßen Sprache, die auch dem Städter des 20. Jahrhunderts verständlich ist. „Schafherde und Stalltür, Hirt und Weide, dieses Vokabular sagt uns doch längst nichts mehr“, riefen sie. Und Jesus begann zu sprechen:

> *„Vor 15 Milliarden Jahren war ich im Augenblick des Big Bang, wie die Wissenschaftler die Geburtsstunde des Universums genannt haben, bereits anwesend. Ich befand mich im Mittelpunkt dieses gigantischen, kosmischen Feuerwerks und habe die Führung der gesamten Evolution sofort übernommen. Denn nach dem Willen des Vaters sollte in mir und durch mich eine Welt entstehen. In mir und durch*

mich hat Gott sich auf eine neue Weise zum Ausdruck bringen wollen.

Freilich existierte ich längst vor diesem Big Bang, anfanglos am Ursprung – vor aller Schöpfung. Es war die himmlische Zeit mit dem Vater in der beiderseitigen Ekstase durch den Geist. Dieses gemeinsame Gottesleben, unser ständiger Austausch, war von so unaussprechlicher Schönheit und inneren Fülle, daß wir eines Tages beschlossen, diesen Reichtum zu teilen, wir wollten unser Leben mit Milliarden uns ähnlicher Wesen teilen.

Laßt uns denn Welten und Menschen schaffen, Männer und Frauen, die nach ihrem eigenen Vermögen diese Glücksekstasen erleben können wie wir seit aller Ewigkeit! Jeder von ihnen sei mein zweites, mein anderes Ich, oder besser: er sei ein Teil meiner selbst, denn außerhalb von mir kann und wird nichts anderes entstehen. Ich bin das einzige Wort Gottes, ich bin der einzige Ausdruck Gottes, demnach kann eine erschaffene Welt nichts anderes sein als die sichtbare Entfaltung meines Wesens, das immer schon bestand. Das meinte ich, als ich sagte, ich sei beim Big Bang bereits dabei gewesen. Ja, ich sprühte in die Existenz einer Welt und existierte, indem ich das Universum erzeugte, nun auf eine andere Weise als zuvor.

Zunächst manifestierte ich mich als reine Energie, und viele Menschen nennen mich gern bei diesem Namen. Gott ist Energie, sagen sie, und das ist richtig, ich bin diese Urenergie, aber ich bin noch mehr. Andere wollen mich als die lebendige Natur verstehen, und ich bin tatsächlich dieses drängende, biologische Leben in seinen unzähligen Arten und Formen. Sie haben recht, die Natur als Gottheit zu betrachten, denn ich bin diese Natur, aber ich bin noch mehr. Denn schließlich ist aus mir auch der Mensch hervorgegangen und zwar als Träger einer ganz neuen Wirklichkeit, der des Geistes. Damit haben die Menschen sich selbst vergöttlicht. Die Menschheit als neues Idol! Auch diese Intuition ist nicht falsch, aber ich bin noch mehr, nämlich all das zusammengenommen: Ich bin die Weltenergie, ich bin die Natur und alles Leben, ich bin der Geist und alles Menschliche, aber darüber hinaus bin ich das Alpha und das Omega, der Erste und der Letzte, der Anfang und das Ende, der Lebendige (Off. 22, 13).

Indem die Welt zum Leben erweckt wurde, habe ich mich tief in ihren Mittelpunkt hineingegeben, um sie zu beseelen, zu beleben und in ihrer Einheit zusammenzuhalten. Versteckt im Zentrum dieser kolossalen Explosion, versteckt im Zentrum der entferntesten Sterne und Galaxien und der winzigsten Atome, versteckt im Zentrum all dessen was lebt und atmet, denkt und liebt, lenke ich unmerklich das Sein, um allen Dingen und Wesen die Freude und die Würde zu verleihen, sich selber zu erfinden, zu führen und heranzubilden. Still und geheim will ich verbleiben, damit jedes Wesen zu sich selber findet und sich in einer begeisternden Selbstschöpfung allein erschafft. In diesem Sinn bin ich der Gute Hirte, das führende Haupt der großen Herde – in der Bildersprache von damals.

Doch niemals, niemals wollte ich als ein

Herrscherhaupt gelten, vor dem sich die Menschen wie vor Pharaonen, Kaisern, Führern, ducken und erniedrigen. Aber immer wieder folgen die Gläubigen diesem völlig veralteten Gotteskonzept und assoziieren es mit der politischen Führergestalt, die sie fest am Zügel hat und ihnen ihr Dasein ideologisiert. Zwänge, Bedrohungen, Ängste und im Grunde Erpressung. Was habe ich denn mit diesen Begriffen gemein?

Wenn ich mich in meiner Schöpfung verborgen halte und vor zwanzig Jahrhunderten einmal sehr unauffällig erschienen war, um sehr bald schon wieder im Anonymen unterzutauchen, dann erseht ihr daraus, von welcher Art meine Herrschaft ist. Als ich niederknieend die schmutzigen Füße meiner Jünger wusch, wollte ich deutlich machen, wie sich ein wahrer Herr und Meister zu verhalten hat. Als ich mich, die Eucharistie einsetzend, in Brot und Wein verwandelt hatte, wollte ich fortan jedem Menschen, der ins Leben kommt, auf die diskreteste Weise begegnen, um jedoch augenblicklich als Speise in ihm zu verschwinden. Als ich mich widerspruchslos vors Tribunal schleppen, demütigen, mißhandeln und kreuzigen ließ, wollte ich noch einmal zeigen, welches Königtum ich vertrete.

Und von der Höhe dieser Kreuzesbalken regiere ich durch die Jahrhunderte unsere Welt und verkünde schweigend was mein Königtum wirklich bedeutet, nämlich Hingabe, Bescheidenheit und Inspiration. Ja, mein Geist steuert die Welt vom Zentrum her, und er inspiriert jeden einzelnen Menschen, doch in unendlichem Respekt vor dessen Freiheit, die Absolutheitswert besitzt. Ich warte auf die freie Zusage.

Ich bin nicht das Haupt der Schöpfung, sondern ihr Herz. Ich bin nicht das Haupt der Menschheit, sondern ihre Seele.

Viele Menschen glauben mich seit langem entthront, beseitigt und vergessen. Längst wurde mein Tod ausgerufen. Aber damit haben sie mir den größten Läuterungsdienst erwiesen. Ich war es, der sie dazu inspiriert hat, ihre falschen Götzenstatuen zu zertrümmern und ihre Tempel auszuräumen. Nein, ich will nicht mehr in diesen steinernen Kirchenbauten über vergoldeten Altären thronen und herrschen, auch nicht in anderen Heiligtümern. Vorbei! Der einzige Thron, um den ich mich bewerbe, das ist das menschliche Herz, weil dieses frei entscheidet, mich anzunehmen oder sich mir zu verweigern. Das allein hat für mich Gültigkeit.

Noch immer stehe ich vor der Tür und klopfe an. Wer meine Stimme hört und die Tür öffnet, bei dem werde ich eintreten, und wir werden Mahl halten. Ich mit ihm und er mit mir (Off. 3, 20)."

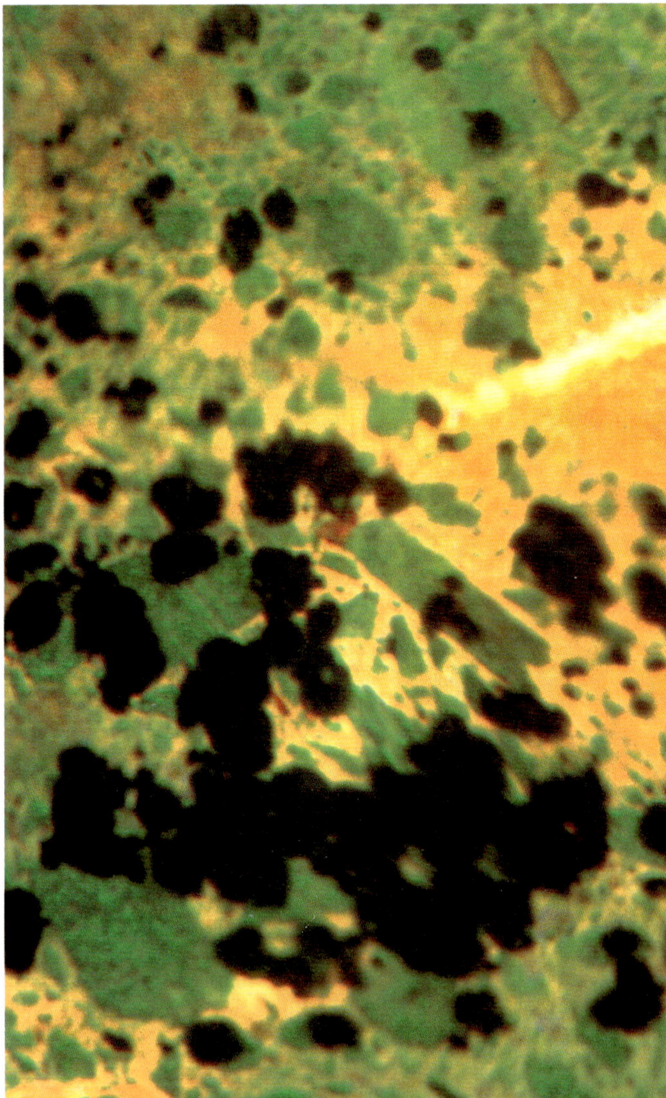

Der Illegale

VGL. DIE VERHAFTUNG JESU, JOHANNES 18, 1–11

In diesen Tagen wurde Jesus festgenommen.

Unter unsagbaren Schwierigkeiten hatte er sich vor einigen Monaten nach Paris durchgeschlagen. Hier war er ohne Behausung, ohne Geld, ohne Papiere. Ein Illegaler. Und ein Arbeitsloser. Seine palästinensische Nationalität und sein schaflederner Teint würden ihn besonders leicht verwundbar machen, dachte er, weit mehr als die Tatsache, keine Wohnadresse angeben zu können, denn Obdachlose gab es in Paris zur Genüge. So würde er gewiß den Gnaden der ersten Polizei-Razzia ausgeliefert werden. Und es war Winter in Europa.

Ständig aufgeschreckt in Angst und ausgezehrt von Hunger und Kälte würgte ihn vor allem die entsetzliche Einsamkeit in dieser Metropole. Hatte er doch feststellen müssen, daß die wenigen Brocken Französisch, in seinem Lande aufgeschnappt, ihm gar nichts nützten. Er verstand hier niemanden und niemand verstand ihn. Er hatte keinen Ort, wo er sein Haupt hinlegen konnte (Lk. 9, 58b). Nachts suchte er Wetterschutz in den U-Bahn-Tunneln und schlief dort auf den Bänken.

Eines nachts hatte ein anderer armer Schlucker auf der Nebenbank geschlafen, und am Morgen kamen sie auf Arabisch ins Gespräch, denn der andere war Ägypter. Auch ein Illegaler.

„Mein Name ist Nabil. Komm mit zu mir, auch wenn's nur eine Mansarde ist von sechs Quadratmetern in der fünften Etage eines alten Hauses am Rande von Paris."
„Wohnst Du allein?"
„Wir sind schon vier, und es gibt leider nur ein Bett und eine dicke Matte vor dem Bett. Wir schlafen möglichst umschichtig je nach den Arbeitsmöglichkeiten des Einzelnen. Gelegentlich ziehe ich mich nach hier zurück, wie heute Nacht, und nehme diese Bank."
„Hör auf damit! Wie könnt Ihr da noch einen Fünften brauchen!"
„Wir brauchen einander. Zum Reden. Das ist

wichtig. Du wirst unser Fünfter sein, und Du bist willkommen!"

Jesus stieg mit Nabil die fünf steilen Treppen nach oben. Der kleine Raum war stickig, aber warm und übersät mit den Habseligkeiten von vier Menschen. Auf dem Fensterbrett stapelten Teller, Gläser, Töpfe. Es gab einen Stuhl und einen kleinen Schrank. Und es gab einen Petroleumkocher für das Wichtigste, den heißen, süßen Tee! ... Auf demselben Dachstuhl noch andere Mansardenzimmer quellend voll an Ausländer vermietet. Zusammen vielleicht dreißig Afrikaner, Latinos und Asiaten.

Nabil sagte: „Das Verrückte an diesem Haus ist seine unheimliche Leere. Ein Geisterhaus, wird es Dich irritieren? Bis auf das Parterre sind nämlich die Etagen unbewohnt und fest verschlossen. Man sagt, es seien Zweitwohnungen der Pariser Bourgeosie, die man jedoch niemals sieht, weil sie in den besseren Vierteln ein besseres Leben führt."

Die Gruppe brachte Jesus mit einem Händler

exotischer Produkte in Kontakt, damit er sich das Allernötigste verdiene. Gewürzbeutel, Nüsse, Seidenblumen, billige Parfüms und sehr bescheidene Handarbeiten. Er sollte versuchen, diese Dinge mit etwas Gewinn für sich loszuwerden. Jeden Tag packte Jesus seine Warentasche und lief zur U-Bahn, denn dort unten kannte er sich aus. Auf einem ausgebreiteten Tuch bot er seine Ware feil – und wartete. Oft wartete er den ganzen Tag umsonst. An die Mauer gelehnt stand er da und wartete. Die Menschen jagten gleichgültig vorüber, gelegentlich einen zerstreuten Blick auf seine Sachen werfend. Weniger wohl aus Interesse als aus Neugier oder Unterhaltung. Und Jesus hielt jedesmal den Atem an, sich bange fragend: Wird man es nehmen? Läßt man es liegen? Aber der Dialog war stets der gleiche:
„Wieviel?"
„So und so viel Franken."
„Danke."
Der Passant verlor sich in der Menge, nicht ahnend, daß sein kleiner Kauf Jesus eine knusprige Baguette ermöglicht hätte, an die er schon seit Stunden dachte.

Die Stunden glichen sich, weil nichts geschah. Nichts! Doch eines abends, als Jesus sich neben seiner Ware, die keinen interessierte, niederhockte und begann, die Dinge einzusammeln, blieb ein wohlbeleibter, älterer Monsieur vor ihm stehen. Er glaubte, in den dunklen Augen dieses Ausländers eine tiefe Lebensmüdigkeit und eine große physische Erschöpfung zu erkennen. Deshalb beugte er sich rasch nach unten und nahm kreuz und quer vom Tuch etwas auf. Zum Preis von zweihundert Franken. Als er zahlte, trafen sich die Augen dieser beiden Männer und hielten einige Sekunden einander stand. Sie sprachen nichts. Jesus hatte alle Mühe, seine Tränen zu bezwingen.

Seinen Platz verlassend, die große Tasche mit dem Unverkauften auf den Schultern schleppend, führte ihn sein Weg an einem Afrikaner vorüber, in dessen Augen er dieselbe Not der Stunde las, die soeben noch die seine war. Daher ging er zu dem Bruder und kaufte ihm im Wert von hundert Franken etwas ab. Vor ihm veränderte sich ein Gesicht! Die weißen Zähne blitzten aus dem glänzenden Braun der Haut in einem Riesenlächeln. Dieser junge Mann hatte wie Jesus den ganzen lieben Tag hier zugebracht und nichts geerntet als nur Desinteresse. Daheim in seinem Unterschlupf warteten seine Frau und sein kleines Kind auf die notwendigen Franken, für das frugale Mahl des Tages.

Das waren Jesu erste Wochen in Paris gewesen. Später hatte ihm einer der Mansardenfreunde einen Job als Küchen-Boy in einem Restaurant verschafft. Endlich, endlich gesicherte Mahlzeiten! Schon dafür lohnt sich wirklich alles! Und ein festes Gehalt, auch wenn es weit unter dem gesetzlichen Minimum lag, aber er war ja ein Illegaler. So empfand er es als einen großen Schritt voran.

Leicht war auch diese Zeit nicht durchzustehen, denn Jesus mußte vor Sonnenaufgang schon das Haus verlassen, der Arbeitsplatz lag zwei Verkehrsstunden entfernt, und vor Mitternacht war er kaum zurück. Kam er dann nach sechzehn Stunden auf den Beinen endlich heim, dann waren Bett und Matte längst belegt. Die anderen beiden hatten Nachtarbeit. Es blieb ihm eine schmale Nische zwischen Wand und Schrank.

Eines abends, als er fiebrig-fröstelnd seinen Bus erwartete, bremste scharf die Polizeistreife neben ihm. Keine Chance auszuweichen. Befehl aus dem Wagenfenster: „Ihre Papiere!" Jesus besaß noch immer keine, wer hätte ihm auch welche geben wollen? Er wurde auf der Stelle festgenommen und auf schnellstem Wege inhaftiert.

Dort befand er sich unter etwa fünfzig anderen Leidensgenossen aus der sogenannten Dritten Welt, die hier eine Anti-Existenz zu führen hatten. Und Jesus unter ihnen. Hier verkommen wir wohl alle miteinander, dachte er …

In diesen Tagen hat Jesus dort die folgenden Gedanken niedergeschrieben und signiert. Man wird sie eines Tages zerknittert auf einem Fetzen Papier in seiner Tasche finden:

> *„Nach der Hölle der Einsamkeit und der Arbeitslosigkeit, nach dem Alptraum der U-Bahn-*

Gänge und der Restaurant-Küche nun eine neue Hölle, das Gefängnis. Doch ich gestehe, daß ich diese existentiellen Erfahrungen jener Vollkommenheit des Himmels mit all meinem ‚Engelskomfort' vorziehe. Hier kann ich mit den bedürftigen Menschen solidarisch leben und leiden, wie sie als ein Illegaler, aber als ihr IMMANUEL.

Könnte man jemals an einen Gott der Liebe glauben, distanziert vom Menschen in seinen himmlischen Gefilden, hoch erhaben über einer solchen Not? Wohl wissend um diese armen Wesen, die hier draufzugehen drohen an der Abweisung, am Ungeziefer, am Betrug an ihrem Leben? Es führt sie auch kein Weg zurück in ihre Heimat. Ich höre hier die Gründe jedes Einzelnen.

Das Gebot heißt KONSEQUENZ. Doch konsequent zu sein ist schwer, sehr schwer. Wie aber anders? Wie besser? Wie sinnvoller? Wie hätte ich zutiefst erfahren können, was eine Unzahl heutiger Menschen in ihrem Dasein auszuhalten hat, wenn ich nicht selber wieder

Mensch geworden wäre und es wie sie an Leib und Seele spüren muß? Wenn ich im Mit-Leid nicht wieder unter sie gegangen wäre, gerade hier zu den buchstäblich von aller Welt Verlassensten?

So ist es recht und gut, jetzt hier zu sein. Ich bereue nichts. Niemals! Ich sage JA und immer wieder JA.“

Jesus-Immanuel

Lieferbare Bücher von Henri Boulad

1. **Die Vernunft des Herzens**
   Wohin die Seele strebt
   3. Auflage 1993

2. **Ordne Deine Tage in Freiheit**
   Selbstverwirklichung und Erlösung
   2. Auflage 1992

3. **Alles ist Gnade**
   Der Mensch und das Mysterium der Zeit
   2. Auflage 1992

4. **Im Licht der Hinwendung**
   Vorträge vor Geistlichen, die uns alle angehen
   2. Auflage 1994

5. **Dimensionen der Liebe**
   Persönliche Aufzeichnungen
   2. Auflage 1993

6. **Zeugnis der Wahrheit**
   Interviews und Gespräche
   2. Auflage 1994

7. **Gottessöhne, Gottestöchter**
   Gelebte Existenzreligion
   2. Auflage 1994

8. **Der mystische Leib**
   Kosmischer Zugang zur Eucharistie
   2. Auflage 1994